Beck'sche Reihe
BsR 354

„Die meisten Menschen sind Dilettanten des Lebens. (...) Ihre Lebensweisheit erschöpft sich darin, Lust zu suchen und Unlust zu meiden. In ihren Händen wird alles zum ‚Mittel'. (...) Nichts wird um seiner selbst willen getan, nichts spendet unmittelbar Befriedigung, alles soll nur etwas anderem dienlich sein. Unaufhörlich opfern sie das Heute dem Morgen. Das Endziel ist ein Phantom von Wohlstand und Ansehen, ein Nebelbild, von dem soviel zerfließt, als jeweils erreicht ist. (...) Aber merkwürdigerweise wird all dieser Aufwand umsonst vertan: der gewerbsmäßige Lustsucher bleibt immer unlustig. Von den beiden Wegen des Lebens ist dies der breite Weg, der zur Verdammnis führt." (Ludwig Reiners)

Ludwig Reiners, geboren 1896 in Ratibor, Dr. jur. und Dr. rer. pol., wurde nach dem Ersten Weltkrieg Börsenvertreter, war dann in führenden Positionen in verschiedenen deutschen und Schweizer Unternehmen tätig und leitete schließlich bis zu seinem Tod eine Textilfirma in München. Daneben schrieb er zahlreiche vielgelesene Bücher, unter anderem Biographien Friedrichs des Großen und Bismarcks. Zu seinen erfolgreichsten Werken zählen die ‚Stilkunst. Ein Lehrbuch deutscher Prosa' (140. Tausend 1991) und die Gedichtanthologie ‚Der ewige Brunnen. Ein Hausbuch deutscher Dichtung' (463. Tausend 1990). Reiners starb 1957 in München.

LUDWIG REINERS

Sorgenfibel

oder
Über die Kunst,
durch Einsicht und Übung
seiner Sorgen Meister
zu werden

VERLAG C.H.BECK MÜNCHEN

CIP-Kurztitelaufnahme der Deutschen Bibliothek

Reiners, Ludwig:
Sorgenfibel oder Über die Kunst, durch Einsicht und Übung seiner Sorgen Meister zu werden / Ludwig Reiners. – 103.–106. Tsd. – München : Beck, 1991
(Beck'sche Reihe ; Bd. 354)
ISBN 3 406 32981 0
NE: GT

ISBN 3 406 32981 0

103.–106. Tausend. 1991

Einbandentwurf von Uwe Göbel, München
Gesamtherstellung: C.H. Beck'sche Buchdruckerei, Nördlingen
Printed in Germany

Alles geben die Götter, die unendlichen,
Ihren Lieblingen ganz,
Alle Freuden, die unendlichen,
Alle Schmerzen, die unendlichen, ganz.

Goethe

Ich hatte es nie so ganz erfahren, jenes alte, feste Schicksalswort, daß eine neue Seligkeit dem Herzen aufgeht, wenn es aushält und die Mitternacht des Grams durchduldet, und daß, wie Nachtigallgesang im Dunkeln, göttlich erst in tiefem Leid das Lebenslied der Welt uns tönt.

Hölderlin

Vielleicht kann man glücklich sein, wenn man glücklich sein will, und ich habe einmal gelesen, man könnte das Glück auch lernen.

Fontane

Dies Buch ist aus persönlichem Erleben entstanden. Wenn der Sturm des Schicksals die Existenz eines Menschen zerschlägt, der in der Welt des Geistes seine zweite Heimat hat, dann flüchtet er an die Pforten der Weltweisheit. Was ich hinter ihnen fand, habe ich hier – hauptsächlich zu eigenem Troste – gesammelt. Freilich vermag das bloße logische Argument wenig. Nur wenn es sich zu wirklichem Leben verdichtet oder wenn es die Hand des Künstlers geformt hat, vermag es uns zu helfen. Deshalb enthält jedes Kapitel das Beispiel eines großen Lebens und die Worte zahlreicher Eideshelfer.

L. R.

INHALT

ERSTES KAPITEL

ÜBER DEN UMGANG MIT DEM SCHICKSAL

Das Glück ist keine einfache Sache. Es ist sehr schwer,
es in uns zu finden, und es ist unmöglich,
es anderswo zu finden.

Chamfort

I

BEISPIEL

Es kann wohl sein, daß der Mensch durch öffentliches und häusliches Geschick zu Zeiten gräßlich gedroschen wird, allein das rücksichtslose Schicksal, wenn es die reichen Garben trifft, zerknittert nur das Stroh; die Körner aber spüren nichts davon und springen lustig auf der Tenne hin und wieder, unbekümmert, ob sie zur Mühle oder zum Saatfeld wandern.

Goethe

War Goethe eigentlich ein glücklicher Mensch? Die meisten glauben, er sei ein Liebling der Götter gewesen: einem reichen Patrizierhause entsprossen, unter der Fürsorge einer heitren, genialischen Mutter aufgewachsen, geht er, schön wie Apoll, sechzehnjährig auf die Universität, sogleich in Liebesabenteuer verstrickt, wie sie ihn sein Leben lang begleiten. Mit vierundzwanzig schreibt er ein Stück, das ihn in Deutschland, mit fünfundzwanzig einen Roman, der ihn in der Welt berühmt macht, mit sechsundzwanzig ist er ein Freund eines Herzogs und weimarischer Minister, mit dreißig Exzellenz, wird vom Kaiser mit dem erblichen Adel ausgezeichnet, von seinem Herzog mit zwei Häusern beschenkt, von seinem Verleger mit ungeheuren Honoraren bedacht. So residiert er, ein Orakel der Welt, gesund und zufrieden in seinem Weimar, bis den Dreiundachtzigjährigen ein sanfter Tod hinwegführt.

So weit die Legende. Die Wirklichkeit sieht anders aus. An seiner Wiege haben Dämonen gestanden, nie haben sie ihn verlassen. Schwere Schatten liegen über dem Schicksal seiner Familie. Der Bruder seines Vaters war von Kind an blödsinnig, sein Vater verfiel im Alter in geistige Umnachtung, seine Schwester litt an schweren Depressionen und starb früh. Von seinen fünf Kindern sind vier wenige Tage nach der Geburt gestorben. Mit seiner Belastung dürfte es zusammenhängen, daß seine Gesundheit zeitlebens schwankend war. Schon der Vater hat den Knaben einen ewigen Kränkling gescholten. Als Achtzehnjähriger erkrankt er an einem Blutsturz – vermutlich als Folge eines schweren Lungenleidens – und es dauert drei Jahre, bis er diese Krankheit überstanden hat. Den Zustand des Zwanzigjährigen hat er selbst als „pathologisch“ beschrieben und uns von seinem Lebensekel und Selbstmordplänen erzählt, die ihn bewogen, sich einen scharfgeschliffenen Dolch zu kaufen und jeden Abend zu versuchen, ob er die Willenskraft habe, ihn langsam in seine Brust einzusenken. Im Mannesalter klagt er oft über Unterleibsleiden, Nierenkoliken und Hämorrhoiden. Mit zweiundfünfzig packt ihn eine rätselhafte Infektionskrankheit so schwer, daß seine Frau von da an nur darum besorgt ist, ihm die letzten Jahre noch recht leicht zu machen. Mit sechsundfünfzig wird er zum dritten Male von den Ärzten aufgegeben, mit vierundsiebzig scheint er endgültig dem Tode verfallen, und daß er dreiundachtzig werden würde, hatte niemand erwartet.

In der Geschichte seiner Krankheiten spiegelt sich eine ungewöhnliche Sensibilität wider. Er vertrug weder Kaffee noch Tee noch Tabak, sein einziges

Reizmittel bestand darin, an Kölnischem Wasser zu riechen. Von Medikamenten konnte ihm der Arzt immer nur die Hälfte der normalen Menge verschreiben. Vom Wetter und Barometerstand war er völlig abhängig; als es bei Herders Beerdigung regnete, erklärte er, er beneide Herder, daß er bei diesem Wetter im Grabe liege.

Ob er schön war, ist sehr umstritten. In seinen mittleren Jahren hatte er 126 cm Taillenweite, und eine Besucherin behauptete damals, er sehe aus wie ein Frankfurter Weinhändler.

Auch seine Beziehungen zu Frauen werden meist verkannt. Glück im Alltagssinne haben ihm seine Liebesschicksale selten gebracht. Er hat weder Lotte Buff noch Maxe Laroche, weder Lili Schönemann noch Minchen Herzlieb, weder Marianne von Willemer noch Ulrike von Levetzow besessen. Alle seine Erlebnisse enden mit einer plötzlichen Flucht. Goethe war kein Virtuos der Liebe, er war nur ein Virtuos der Trennung. Thomas Mann hat „Entsagung" das Generalmotiv in Goethes Leben genannt.

Mit einer Flucht endete auch seine amtliche Tätigkeit. Sie hatte ihm den größten Teil seiner Zeit weggenommen, und seine empfindliche Natur trug schwer an ihren Lasten – „König Thoas soll reden, als ob kein Strumpfwirker in Apolda hungerte". „Eherne Geduld", „steinernes Ausharren" notiert das Tagebuch öfter. Eines Tages entfloh er ohne Urlaub über die Alpen, und erst aus Rom schrieb er, wo er weile.

Aber war er nicht ein gefeierter Dichter? Seit dem Werther hat er kein erfolgreiches Buch mehr geschrieben; von der Iphigenie wurden 19 Exemplare verkauft. Das breite Publikum las seinen Schwager Vulpius, den Erfinder des Räuberhauptmanns Rinaldo Rinaldini, viel lieber als den langweiligen Geheimrat. Und nicht nur der äußere Erfolg ist ausgeblieben, das Schicksal hat ihm auch oft verwehrt, den Rahmen, den er sich selbst gespannt hatte, auszufüllen. „Sein Lebenswerk, obwohl fast übermenschlich, war doch durchaus Fragment geblieben" (Thomas Mann).

Und neben mancher Sorge und Enttäuschung steht die Schuld. Von den Schuldgefühlen, die einen Menschen drücken, wissen wir wenig, selbst bei unseren besten Freunden. Auch bei Goethe kennen wir nur Andeutungen. Aus manchen Stellen seiner Briefe der Straßburger Zeit hat man geschlossen, daß Friderike Brion, die Pfarrerstochter von Sesenheim, ein Kind von ihm erwartete, das mit seiner Hilfe nicht zur Welt kam, eine Tat, auf die das damals dort geltende französische Recht die Todesstrafe setzte. Die Gretchentragödie kann hier ihre Wurzeln haben.

Das ist der wirkliche Goethe. Als er von dem „harmonischen Olympier" hörte – diesen Begriff hat der subalterne Kopf Eckermann erfunden –, brummte er ärgerlich: „Ich wollte, ich käme mir selbst so harmonisch vor." Nur die ungeheure Formung, die ihm Schicksal und eigener Wille zuteil werden ließen, haben aus dem vulkanischen Jüngling den großen „Lebemeister" gemacht.

Als er seine Lebenserinnerungen niederschreibt, wählt er als Motto das Wort des griechischen Dichters: „Der Mensch, der nicht geschunden wird, der wird auch nicht erzogen.“ Geschunden zu werden hat er in der Jugend nicht gescheut. Die Überempfindlichkeit seiner Natur war ihm Anlaß zur Abhärtung, nicht zur Klage. In Straßburg steigt er in die ausgesetztesten Teile des Münsters, um sein Schwindelgefühl zu bekämpfen, geht regelmäßig in die Anatomie, um seine Abneigung gegen widrige Eindrücke zu überwinden, wandert nachts über Friedhöfe und marschiert neben trommelnden Soldaten her. Noch als Minister schläft er gern im Freien, gönnt auch als Sechziger sich nicht mehr als ein hartes Feldbett. „Prächtige Wohnungen machen mich faul und untätig. Bequeme Möbel heben mein Denken auf.“ Sein chaotisches Innere versucht er durch pedantische Ordnung zu bändigen. Als sein einziger Sohn stirbt, nimmt er einen Aktendeckel zur Hand und schreibt „Akt August's Tod betreffend“. Die Not der Arbeit galt ihm zugleich als Segen. Als die Wellen der Weimarischen Amtsgeschäfte über seinem Haupte zusammenzuschlagen drohen, vermerkt er in seinem Tagebuch: „Der Druck der Geschäfte ist sehr schön der Seele; wenn sie entladen ist, spielt sie freier und genießt des Lebens. Elender ist nichts als der behagliche Mensch ohne Arbeit; das Schönste der Gaben wird ihm zum Ekel.“

Goethe empfand die Nöte des Lebens nicht als Störungen, sondern notwendigen Bestandteil menschlicher Existenz. Auf die Frage einer Freundin, ob er glücklich sei, antwortete er: „Ja, meine Beste, ich bin's, und wenn ich es nicht bin, so wohnt wenigstens all das tiefste Gefühl für Freud und Leid in mir.“ Auch als Kanzler von Müller ihm vierzig Jahre später die gleiche Frage stellte, erwiderte er: „Aufs Glück kommt es nicht an, es handelt sich nur um das Dasein. Ich will nicht hoffen und fürchten wie ein gemeiner Philister.“

Diese Auffassung hängt tief mit seinem ganzen Wesen zusammen. Sein Leben war kein Streben nach bestimmten Zwecken, kein Gezogenwerden von einem Ziel, sondern ein Wachsen aus einer Wurzel. Es kam ihm, wie er oft gesagt hat, nicht auf die Resultate des Lebens an, sondern auf das Leben selbst. So empfand er die Buntheit des Lebens als Segen, die Nöte und Fehler als unerläßliche Umwege. „Ich habe so manches getan, was ich jetzt möchte nicht getan haben, und doch, hätte ich's nicht getan, so wäre manches unentbehrliche Gute nicht entstanden.“ Entsagung ist ihm nicht Leiden, sondern Formung. „Wer Bedingung früh erfährt, gelangt bequem zur Freiheit; wem Bedingung sich spät aufdrängt, gewinnt nur bittre Freiheit.“ Man hat von Cäsar gesagt, er habe ein gut Teil seiner Kraft daraus gezogen, daß kein Glück und kein Laster der Erde ihm fremd gewesen sei. Auch Goethe glaubte an den erzieherischen Wert der Lebensganzheit: „Nicht vor dem Irrtum zu bewahren, ist die Pflicht des Menschenerziehers, sondern den Irrenden zu leiten, ja ihn seinen Irrtum aus vollen Bechern ausschlürfen zu lassen.“ Und ein andermal: „Wenn man in der Jugend nicht tolle Streiche machte und mitunter einen Buckel voll Schläge mit hinwegnähme, was wollte man dann im Alter für Betrachtungsstoff haben?“ Und schließlich sah er in den Nöten des Lebens den notwendigen Hintergrund, von dem erst die schöneren Zeiten sich abheben könnten:

> Im Atemholen sind zweierlei Gnaden:
> Die Luft einziehen, sich ihrer entladen.
> Jenes bedrängt, dieses erfrischt;
> So wunderbar ist das Leben gemischt.
> Du danke Gott, wenn er Dich preßt,
> Und dank ihm, wenn er Dich wieder entläßt.

II

BETRACHTUNG

Weil nämlich alles, was für den Menschen da ist und vorgeht, unmittelbar immer nur in seinem Bewußtsein da ist und für dieses vorgeht; so ist offenbar die Beschaffenheit des Bewußtseins selbst zunächst das Wesentliche, und auf dieselbe kommt in den meisten Fällen mehr an, als auf die Gestalten, die darin sich darstellen. Alle Pracht und Genüsse, abgespiegelt im dumpfen Bewußtsein eines Tropfs, sind sehr arm gegen das Bewußtsein des Cervantes, als er in einem unbequemen Gefängnisse den Don Quijote schrieb. Schopenhauer

1

Die meisten Menschen sind Dilettanten des Lebens. Sie haben zum Schicksal eine ganz andere Einstellung als Goethe. Ihre Lebensweisheit erschöpft sich darin, Lust zu suchen und Unlust zu meiden.

In ihren Händen wird alles zum „Mittel". Der Beruf ist ein Mittel, um Geld zu verdienen, die Geselligkeit soll Beziehungen verschaffen, die Häuslichkeit ist darauf angelegt, zu imponieren, und die Erholung dient nur dazu, die zerstörte Gesundheit wieder herzustellen. Zeit ist Geld und Wissen ist Macht, so werden beide zum Mittel und büßen ihren Eigenwert ein. Nichts wird um seiner selbst willen getan, nichts spendet unmittelbar Befriedigung, alles soll nur etwas anderem dienlich sein. Unaufhörlich opfern sie das Heute dem Morgen. Das Endziel ist ein Phantom von Wohlstand und Ansehen, ein Nebelbild, von dem soviel zerfließt, als jeweils er-

reicht ist. Leiden sind unbillige Störungen. Vergangenes Unglück ist immer wieder Gegenstand der Erinnerung, mit selbstquälerischer Wollust vertieft man sich in die Ungerechtigkeit der Welt und wandelt immer von neuem den Gedanken ab: wenn ich damals nicht.... Die gegenwärtigen Leiden werden den Mitmenschen in schöner Breite ausgemalt. Und die künftigen Leiden, die Gefahren und Sorgen, verstellen fast den ganzen Horizont, und unermüdlich türmt man Sicherungen gegen sie auf. Aber merkwürdigerweise wird all dieser große Aufwand umsonst vertan: der gewerbsmäßige Lustsucher bleibt immer unlustig. Von den beiden Wegen des Lebens ist dies der breite Weg, der zur Verdammnis führt.

2

Wenn wir das Problem ganz klären wollen, müssen wir einen Augenblick bei einer Schwäche der deutschen Sprache verweilen. Im Gegensatz zu anderen Sprachen bezeichnet sie mit dem einen Wort „glücklich" zwei ganz verschiedene Begriffe. Wer vom Schicksal begünstigt ist, heißt im Lateinischen felix, im Englischen lucky. Wer mit seinem Los zufrieden ist, heißt bei den Römern beatus, bei den Engländern happy. Keinem Lateiner wäre es eingefallen anzunehmen, daß jeder homo felix auch ein homo beatus, daß jeder Mensch, der vom Schicksal begünstigt ist, auch zufrieden sei. Im Deutschen dagegen verleitet die doppelte Verwendung des Wortes „glücklich" zu der Annahme, die Gunst des Schicksals sei das gleiche wie die innere Zufriedenheit des Gemütes.

Aber jeder erfahrene Mensch weiß, daß vielen, die im Leben sehr viel „Glück" hatten, darum das innere „Glück" nicht beschieden war. Ich habe etwa *zwei Dutzend Millionäre gekannt. Sie besaßen Villen und Gärten, Fabriken und juwelengeschmückte Frauen: ein zufriedenes Gemüt besaß keiner von ihnen. Und auch unter jener Gruppe von Menschen, die das andre große Erdengut, das Ansehen bei den Mitmenschen, im Überfluß besitzen, unter den „Berühmtheiten", pflegt man wenig inneren Frieden zu finden: wenn die Zeitung drei Tage lang ihren Namen nicht gebracht hat, so sind sie weit unzufriedener als die Menschen, deren Namen nie in einer Zeitung gestanden hat. Und nichts wünschte sich der erste Herr der Welt, der vom Glück gesegnete Kaiser Augustus, sehnlicher, als ins Privatleben zurückkehren zu dürfen.*

Die Zufriedenheit eines Menschen, das „innere Glück", hängt viel stärker von seiner Individualität, von seiner Eigenart ab als von dem äußeren Verlauf seines Schicksals. Es ist ein völlig gesicherter Erfahrungssatz, daß die Zufriedenheit des Menschen viel mehr beeinflußt wird von dem, was er ist, als von dem, was er hat und was er gilt, also mehr von seiner Gesundheit, seinem Temperament und seiner Begabung als von seinem Reichtum und seinem Ansehen. Daher denn Pfarrer und Gelehrte im großen Durchschnitt glücklicher zu sein pflegen als Kommerzienräte und Staatsmänner. Aber die meisten Menschen verschmähen es, aus dieser nüchternen Tatsache praktische Folgerungen zu ziehen.

3

Zufrieden sind wir, wenn unsere Möglichkeiten mit unseren Wünschen übereinstimmen, wenn unsere Ansprüche nicht größer sind als die Güter, die uns zur Verfügung stehen. Diesen Einklang zu erreichen, haben wir zwei Wege. Wir können versuchen, jene Glücksgüter zu vermehren oder unsere Ansprüche zu vermindern.

4

Unsere Glücksgüter zu vermehren, ist eine schwere Aufgabe. Meist sind uns die irdischen Güter nur in einem begrenzten Umfang zugänglich. Aber auch die, welche uns erreichbar sind, werden uns nicht geschenkt. Denn auf dieser Welt hat jedes Ding seinen Preis. Für das Glück irdischen Besitzes zahlen wir mit dem Kampf und der Angst um seine Erhaltung, für den Stolz des Ruhms mit dem Haß unserer Feinde, für die Beglückungen der Liebe mit Qualen des Zweifels, der Trennung und der Begrenztheit menschlicher Zusammengehörigkeit, für die Freude, die uns unsere Kinder schenken, mit der Sorge um ihr Werden und für die Lust der Zeugung zahlt die Frau mit der Qual der Geburt. Es gibt Stellungen, die so viel abwerfen, daß ihr Inhaber sich jedes Jahr eine Reise um die Welt leisten könnte, nur hat er in ihnen nie Zeit genug, um über den Sonntag ins Grüne zu fahren, und wenn er hinausfährt, nimmt er getreulich alle Sorgen mit, und auch im Angesicht des Zugspitzmassivs entwirft er im Kopfe seine scharfsinnigen und nutzbringenden Verträge, deren Nutzen er freilich zeitlebens nur in Geld, aber nicht in Glück verwandeln wird.

Aber nicht nur, daß die irdischen Schätze mehr kosten, als der Neid glaubt. Sie leisten auch viel weniger, als unsere Sehnsucht sich erträumte. Alle Güter, die wir lange besessen haben, erstarren im Strom der Gewohnheit und büßen ihre Zauberkraft ein. Besitz stumpft ab. Mit großartiger Paradoxie hat Harnack einmal gesagt: „Nur was wir ersehnen, ist unser Eigentum; was wir besitzen, haben wir schon verloren."

Ja, nicht genug damit, daß die irdischen Reichtümer nicht so viel Freude schenken, wie wir hofften:

viele von ihnen gleichen geradezu dem Seewasser, dessen Genuß immer durstiger macht. Und schließlich bietet kein irdischer Besitz die Gewähr der Dauer. Je mehr wir besitzen, desto größer wird die Angriffsfläche, die wir dem Schicksal bieten. So sind auch die Lieblinge des Schicksals nie so glücklich, wie der Neid zu seiner eigenen Strafe annimmt. Unübertrefflich hat Matthias Claudius diese Grunderfahrung des Lebens geschildert:

„Stellen Sie sich 'n Mann vor, wie Sie den Salomo kennen, von viel Geschick und Gaben, der die Mittel in Händen hatte, sich alles, was dem Menschen gut dünkt und nur halbwegs so aussieht, zu verschaffen, zu kosten und zu versuchen; und der auch nach eignem Geständnis das alles wirklich gekostet und versucht hat; wenn der nun aufrichtig und ohne Affektion sagt: ‚ich habe dies und das getan, bauete Häuser, pflanzte Weinberge, machte mir Gärten und Lustgärten, hatte Knechte und Mägde, sammlete mir Silber und Gold, schaffte mir Sänger und Sängerinnen und Wollust der Menschen und wehrete meinem Herzen keine Freude, aber siehe da, es war alles eitel!', so sollte sein Spruch doch eigentlich Sensation machen. Und mich dünkt, er könnte uns viel Mühe ersparen: du willst so gerne dies und das sein, Oberschenke und Oberbäcker!, und bringst darüber dein Leben in Sorge und Unlust hin. Lieber! Salomo war mehr als Oberschenke und Oberbäcker; er war König über Israel, und doch war damit ihm nicht geholfen. Wie sollte denn dir geholfen sein? Darum sei fröhlich und habe Geduld und laß die andern Oberbäcker sein. So auch: du wünschest dir dies und das, ein Rittergut oder einen Mahagonitisch, denn groß oder klein ist eins wie das andre. Also du wünschest dir einen Mahagonitisch, kannst darum nicht

schlafen, sinnest und sorgst und bildest dir ein, mit dem Tisch werde die Glückseligkeit ins Haus kommen. Lieber! Salomo hatte lauter Mahagonitische; Lamperie, Eckschränke und Kommoden, Fußboden und Treppen, alles war von Mahagoni, und er sagt, alle die schönen Mahagonis täten's nicht, was wird denn der einzige Tisch tun? Darum sei fröhlich und mache dir dein Leben nicht sauer.

Aber der Mahagonitisch und der Oberbäcker schweben dir doch so süß vor Augen!"

5

Aber was folgt aus alledem? Wenn wir wirklich eingesehen haben, daß uns der Mahagonitisch und die Oberbäckerstellung doch nicht befriedigen können: können wir darum die Wünsche unseres Herzens unterdrücken? Ist denn nicht unsere Individualität ebenso unverrückbar wie unser Schicksal? Sind denn nicht auch unsere Ansprüche unabhängig von unserm Willen, fest gegeben durch Anlage, Gewohnheit und Umgebung? Aber diese Annahme ist nicht nur überaus gefährlich, sie ist zum Glück auch sehr leicht zu widerlegen.

Gegen die Unabänderlichkeit der menschlichen Ansprüche spricht zunächst die Erfahrung, daß die Ansprüche der Menschen außerordentlich verschieden sind, und daß sie auch bei dem gleichen Menschen zu verschiedenen Zeiten ganz verschieden aussehen. Vor einer Reihe von Jahren erschoß sich in Berlin ein angesehener Privatbankier, weil ihm nach seinen Vermögensverlusten nur noch 50000 Mark Jahresrente übrigblieben; von diesem Bettelbetrag glaubte er nicht leben zu können. Petrus – in der schönen Legende vom Hufeisen – war am Morgen nicht bereit, sich nach dem Eisen zu bücken, wohl aber am Mittag ein dutzendmal für die Kirschen, die der Herr für diesen Pfennigwert gekauft hatte. Goethe erzählte, als er in der Campagne in Frankreich in das feindliche Feuer geriet, habe er sich gelobt, sich über drei Dinge nicht mehr zu ärgern, sofern er nur lebend herauskomme: erstens darüber, daß sein Ofen rauche, zweitens darüber, daß ihm seines Nachbars Giebel die Aussicht versperre, und drittens . . ., „aber das Dritte hatte ich schon vergessen, als ich nach Hause kam".

Ein weiterer Beweis für die Wandelbarkeit der Ansprüche ist die bekannte Erfahrung, daß große Sorgen die kleinen fressen, das heißt, daß vieles, was uns heute drückt, uns morgen belanglos erscheint, wenn ein großer Kummer dazugekommen ist. Umgekehrt erscheint, wenn ein großer Kummer von uns genommen ist, plötzlich eine kleine Unannehmlichkeit überaus quälend. Zeit und Umstände vermögen also unsre Ansprüche ständig zu verändern. Sollte es nicht auch unser Wille vermögen?

6

So käme also alles darauf hinaus, daß wir lernen müssen zu verzichten? Die ganze Weltweisheit würde sich erschöpfen in dem Satze der Stoiker: „Nicht das Nicht-Haben macht unglücklich, sondern das ‚Haben-Wollen'."

Niemand ist so töricht, das zu glauben! Der bloße Entschluß zum Verzicht nützt nichts. Wir müssen ein wenig tiefer ackern.

Niemand bestreitet, daß wir aus der Erfahrung lernen, d. h. daß die Erfahrung unser künftiges Ver-

halten beeinflußt. Nun ist die Erfahrung in der Tat der beste Lehrmeister, aber sie nimmt ein furchtbar hohes Lehrgeld. Es ist billiger, von den Erfahrungen anderer zu lernen. Aber wer Lebenserfahrung lehren will, muß mehr tun als bloße Kenntnisse vermitteln. Kenntnisse sind umgehängte Kleider, die den Menschen verbergen, aber nicht verändern. Die Kenntnis wird zur Einsicht, wenn sie mit unserm ganzen Wesen verschmilzt, wenn sie unsere Wertvorstellungen umformt, wenn sie in das Unbewußte hinabsinkt. Nur dann wird sie nicht zur Weltanschauung verkommen, sondern zur Lebensführung werden.

Welche Einsicht kann uns hier helfen? Wir müssen ausgehen von den Erfahrungen, von denen wir soeben sprachen.

Die irdischen Güter sind nicht das Glück selbst, sondern nur ein Rohstoff des Glücks. Ein großer Vorrat an ihnen ist zur Zufriedenheit des Gemüts weder ausreichend noch unerläßlich. Diese Einsicht muß den Menschen so selbstverständlich werden wie das Einmaleins. Was sie immer wieder verschleiert, ist der Neid, der Todfeind menschlicher Zufriedenheit. Daß fast aller Neid nur Irrtum ist, diese Weisheit lernen die meisten Menschen nicht vor dem sechzigsten Jahr, obwohl sie jeder mit Händen greifen kann, der ein wenig hinter die Kulissen der Welt geblickt hat. Er hat gesehen, wie der vielbeneidete große Schauspieler die Morgenzeitung mit Zittern öffnet und wie das leiseste Wort der Anerkennung über einen Kollegen ihn tiefer giftet, als alle Lobesschalmeien über ihn selbst ausgleichen können. Er hat erlebt, wie das erlesenste Diner für die Hausfrau ungenießbar wurde, weil die Köchin für die Sauce zum dritten Gang zu viel Dill genommen und sie damit um alle Wirkung gebracht hat; wie der ehrwürdige Staats-

mann sich ein Gallenleiden angeärgert hat, weil er nur den Stern und nicht die Schleife zum Blauen Adlerorden bekam, und wie der beneidete Millionärserbe ohne jeden Genuß seinen Forster Kirchenstück trinkt, weil ihm heute auf dem Tennisplatz jeder zweite drive mißglückte. Neid ist Irrtum.

7

Glück verfettet. Wem das Schicksal die Schule der Leiden vorenthält, der wird allmählich satt, kraftlos und unzufrieden. Ständige Gunst des Schicksals legt Triebkräfte in uns still. Da aber alles Glücksgefühl aus Betätigung unserer Kräfte quillt, untergräbt sie damit den Wurzelboden unserer Existenz. Not härtet ab. In der Französischen Revolution wurden viele kranke Menschen der oberen Stände wieder gesund. Not bewahrt uns davor, in Einseitigkeit zu erstarren, sie lehrt uns umkehren. Armut, namentlich in der Jugend, ist eine Schule der Bedürfnislosigkeit und Selbstzucht. Bedürfnislosigkeit aber ist Unabhängigkeit, Beweglichkeit, Überlegenheit. Als dem Gründer der Stoischen Schule, dem Philosophen Zeno, ein Schiffbruch gemeldet wurde, bei dem sein ganzes Vermögen verloren ging, sagte er: „Das Schicksal meint es gut mit mir, es will mich ungehindert philosophieren lassen." Und 2000 Jahre später schrieb Goethe in den Wahlverwandtschaften: „Nur im Leiden empfinden wir recht vollkommen die großen Eigenschaften, die nötig sind, um es zu ertragen."

Ein Einwand liegt nahe. Wenn der Segen der Leiden nur darin liegt, daß sie gegen neue Leiden abhärten, so können wir sie gut entbehren. Ihren Wert zu loben, erinnert dann ein wenig an die Geschichte jener Familie, bei der die Eltern den Kindern für jeden Löffel Lebertran einen Groschen in eine Sparbüchse legten, und wenn die Büchse voll war, wurde eine neue Flasche Lebertran davon gekauft.

Aber dieser Einwand geht fehl. Die Leiden härten nicht nur ab gegen neue Leiden. Sie verbreitern und verstärken unsre ganze innere Existenz. An seinen Widerständen wächst der Mensch. „Ich habe mich oft gefragt, ob ich den schwersten Jahren meines Lebens nicht tiefer verpflichtet bin als irgend welchen andern . . . Amor fati: das ist meine innerste Natur . . . Und was mein langes Siechtum angeht: verdanke ich ihm nicht unsäglich viel mehr als meiner Gesundheit . . . Erst der große Schmerz, jener lange langsame Schmerz, in dem wir gleichsam wie mit grünem Holz verbrannt werden, der sich Zeit nimmt, zwingt uns Philosophen in die letzte Tiefe zu steigen . . . Ich zweifle, ob ein solcher Schmerz verbessert, aber ich weiß, daß er uns vertieft" (Nietzsche).

In der antiken Philosophie kehrt immer von neuem der Gedanke wieder, daß der Mensch bewußt die Tapferkeit genießen müsse, zu der ihm das Unglück Gelegenheit gibt. Betätigung unserer Kräfte gibt Zufriedenheit. Betätigung einer so hohen und seltsamen Gabe, wie es die Unerschütterlichkeit im Unglück darstellt, vermag ein stolzes Glücksgefühl zu erzeugen. Einige Jahrhunderte nach Zenos Tode schrieb im Kriegslager an der Donau, während das Geklirr germanischer Lanzen zu ihm herüberklang, einer seiner Schüler, der römische Kaiser Marc Aurel, in sein Tagebuch: „Man soll nicht sagen: ‚Ich Unglücklicher, daß mir das zustoßen mußte', sondern ‚Ich Glücklicher, der ich unbekümmert zu bleiben vermag, obwohl mir das zustieß'."

8

Schmerz macht den Menschen aufnahmefähiger für das Glück. Die Wärme eines Zimmers verspüren wir am wohligsten, wenn wir aus einer frostklaren Winternacht über die Schwelle treten. Dem Dürstenden bietet ein Trunk Wasser mehr Genuß als dem Verwöhnten das Glas Champagner. Nur den Ermatteten erquickt der Schlaf, nur dem Umhergetriebenen der Frieden des Hauses, nur den Verlassenen das Wohlwollen der Menschen. Wie viele, denen der Sturm der letzten Jahre Hab und Gut raubte, haben in der Not des Flüchtlingsdaseins sich über die Zuteilung von einem halben Dutzend schlechter Kaffeetassen mehr gefreut als früher über ein neues Nymphenburger Service. Die menschliche Natur empfindet jede Änderung unvergleichlich stärker als das gleichmäßige Andauern desselben Zustandes.

Es gibt nur einen einzigen Weg, um unser Gefühl für den Wert eines Gutes ganz lebendig zu halten: wir müssen es einmal bitter entbehrt haben. Es ist ein Unglück, nie Unglück zu haben.

9

„Ein Mensch, der nicht gelitten hat, was weiß der?" (Heinrich Seuse). Was weiß der vor allem von dem Kummer der andern! Wie leicht greift er verletzend ein in die Sphäre seiner Mitmenschen, wie leicht übersieht er den Hilfsbedürftigen, der am Wege steht. Nur wer selbst gedemütigt worden ist, lernt die behutsame Handhabung der Macht. Nur wer selbst gedarbt hat, weiß auszuteilen. Nur wer selbst Liebe entbehrt hat, weiß Liebe zu zeigen.

Und indem die Not uns mitfühlender macht, macht sie uns reicher. Wer nur in sich selbst lebt, fühlt sich ewig unbefriedigt. Erst das Leben in und mit andern Menschen gibt unserem Leben das Gefühl der Erfüllung.

10

So macht die Not uns stärker, glückempfindlicher und mitfühlender. Aber sie kann diesen Segen nur austeilen, wenn wir sie richtig aufnehmen. Drei Ratschläge sind es, von denen alles abhängt.

Der erste Ratschlag ist einfach: nichts ist törichter als in seinem Leid zu wühlen. Wer sich selbst bemitleidet, trübt sich den Blick für die Wirklichkeit. Wer sein Leid andern klagt, vermindert sein Ansehen. Sooft sich unser Geist in die schmerzliche Seite eines Schicksalsschlages vertiefen will, müssen wir ihn sogleich auf einen andern Gegenstand ablenken. Von diesem Ablenken handelt das fünfte Kapitel.

Der zweite Kunstgriff besteht darin, bei jedem Schicksalsschlage uns klarzumachen, was wir daran ändern können und was wir als unabänderlich zu ertragen haben. Gegenüber dem Unabänderlichen dürfen wir uns nicht einen Augenblick den Gedanken gestatten, daß es auch hätte anders kommen können. Mit diesem Gedanken würden wir uns nur eine sinnlose Zuchtrute aufbinden; die Wirklichkeit konjugiert nicht im Konditionalis. Ja, wir müssen das Unabänderliche nicht nur hinnehmen, sondern innerlich bejahen. So wie wir ein Buch nur dann wirklich verstehen, wenn wir es nicht von vornherein mit Mißtrauen aufschlagen, sondern ihm einen vorläufigen Kredit geben und seinen Darlegungen gläubig folgen, so kann eine Not in uns nur fruchtbar werden, wenn wir das Vertrauen hegen, daß sie in unserer Lebensbahn einen Sinn hat. „Wir müssen von ganzem Herzen alles, was uns trifft, willkommen heißen, wir dürfen auch innerlich nicht murren, ja uns nicht einmal wundern“, sagte Marc Aurel. „Bei großen Verlusten müssen wir uns sogleich umschauen, was uns zu leisten und zu erhalten übrig bleibt“, schrieb Goethe an Zelter, als er seinen Sohn verloren hatte.

Der dritte Kunstgriff ist noch schwieriger. Es wird uns nämlich nur gelingen, die Not zu bejahen, wenn wir uns mit einem bestimmten Erfahrungssatz der Psychologie völlig vertraut gemacht haben. Die Erfahrung lehrt nämlich, daß Menschen, die sich immer wieder ausdrücklich oder stillschweigend fragen: „Was kann mir das Leben noch bieten?“ nie zur Zufriedenheit gelangen. Wer dagegen fragt: „Was kann ich dem Leben noch bieten?“ und jeden Morgen der Aufgabe des Lebens nachgeht, pflegt sich am Abend zufrieden aufs Lager zu strecken. „Wer das Glück sucht, wird das Leben nicht finden. Wer aber das Leben findet, hat Glücks genug“, sagt Johannes Müller. Es ist der alte Goethesche Gedanke, daß das Leben selbst beglückt, daß wir es nicht aufteilen dürfen nach Leiden und Freuden, sondern als ein Ganzes hinnehmen müssen, daß – wie Goethe einmal an einen Freund schrieb – der Zweck des Lebens das Leben ist.

11

Einsicht allein tut es nicht. Alles Lernen ist ein Üben. Bei jeder Übung – es mag sich um Radfahren, Englischsprechen oder Schachspielen handeln – waren wir am ersten Tage verzweifelt und glaubten das

Ziel nie erreichen zu können, und am letzten Tage schien uns alles selbstverständlich. Auch die Kunst der Sorgenbekämpfung – vom Einschlafenlernen bis zur Weltzuversicht – bedarf unablässiger Übung, und auch hier lehrt die Übung Dinge zu vollbringen, die erst unmöglich scheinen. „Man zeigt dem Schüler die Griffe auf dem Instrument, die Paraden und Stöße mit dem Rapier: er fehlt sogleich trotz dem besten Vorsatze dagegen und meint nun, sie in der Schnelle des Notenlesens und in der Hitze des Kampfes zu beobachten, sei schier unmöglich. Dennoch lernt er es: durch Übung, unter Straucheln, Fallen und Aufstehen ... Nicht anders also wird der Tölpel zum Hofmann, der Hitzkopf zum feinen Weltmann, der Offene verschlossen, der Edle ironisch" (Schopenhauer).

12

Bei harten Schicksalsschlägen genügen Einsicht und Übung nicht. Sie bedürfen eines großen Verbündeten: der Zeit. Gegen den ersten Schmerz gibt es keine Hilfe. Man hat oft gesagt, die Philosophie habe noch keine Träne getrocknet. In der Tat: erst wenn die Tränen der ersten Erschütterung versiegt sind, wenn an die Stelle des lauten Schmerzes der stille Gram getreten, kann sie ihr Werk tun. Aber dann vermögen Einsicht und Übung weit mehr, als das Unglück glaubt.

III

EIDESHELFER

Ich danke Gott und freue mich
Wie's Kind zur Weihnachtsgabe,
Daß ich bin, bin! und daß ich dich,
Schön menschlich Antlitz! habe;

Daß ich die Sonne, Berg und Meer
Und Laub und Gras kann sehen
Und abends unterm Sternenheer
Und lieben Monde gehen;

Und daß mir denn zumute ist,
Als wenn wir Kinder kamen
Und sahen, was der Heil'ge Christ
Bescheret hatte, Amen!

Ich danke Gott mit Saitenspiel,
Daß ich kein König worden;
Ich wär' geschmeichelt worden viel
Und wär' vielleicht verdorben.

Auch bet' ich ihn von Herzen an,
Daß ich auf dieser Erde
Nicht bin ein großer, reicher Mann
Und auch wohl keiner werde.

Denn Ehr' und Reichtum treibt und bläht,
Hat mancherlei Gefahren,
Und vielen hat's das Herz verdreht,
Die weiland wacker waren.

Und all das Geld und all das Gut
Gewährt zwar viele Sachen;
Gesundheit, Schlaf und guten Mut
Kann's aber doch nicht machen.

Und die sind doch, bei Ja und Nein!
Ein rechter Lohn und Segen!
Drum will ich mich nicht groß kastei'n
Des vielen Geldes wegen.

Gott gebe mir nur jeden Tag,
Soviel ich darf zum Leben.
Er gibt's dem Sperling auf dem Dach;
Wie sollt' er's mir nicht geben!

Matthias Claudius

Jeder Mensch trägt die Quellen der Ruhe und Unruhe seines Herzens in sich selbst, und die Urnen des Glücks und Unglücks stehen nicht „auf der Schwelle des Zeus", sondern in der Seele selber: könnten sonst die Leidenschaften der Menschen so verschieden sein? Denn der Tor sieht das Glück nicht, das vor seinen Füßen liegt, und achtet es nicht, weil er sich von seinen Gedanken immer in die Zukunft locken läßt; der Weise aber läßt längst vergangene Freuden in der Erinnerung wieder aufleben.

Plutarch

Zu den echten persönlichen Vorzügen, dem großen Geiste oder großen Herzen, verhalten sich alle Vorzüge des Ranges, der Geburt, selbst der königlichen, des Reichtums und dgl. wie die Theaterkönige zu den wirklichen.

Schopenhauer

Reichtum, das heißt großer Überfluß, vermag wenig zu unserm Glück, daher viele Reiche sich unglücklich fühlen, weil sie ohne eigentliche Geistesbildung, ohne Kenntnisse und deshalb ohne irgendein objektives Interesse, welches sie zu geistiger Beschäftigung befähigen könnte, sind. Denn, was der Reichtum über die Befriedigung der wirklichen und natürlichen Bedürfnisse hinaus noch leisten kann, ist von geringem Einfluß auf unser eigentliches Wohlbehagen; vielmehr wird dieses gestört durch die vielen und unvermeidlichen Sorgen, welche die Erhaltung eines großen Besitzes herbeiführt.

Dennoch aber sind die Menschen tausendmal mehr bemüht, sich Reichtum als Geistesbildung zu erwerben, während doch ganz gewiß, was man ist, viel mehr zu unserem Glücke beiträgt, als was man hat. Gar manchen daher sehen wir, in rastloser Geschäftigkeit, emsig wie die Ameise, vom Morgen bis zum Abend bemüht, den schon vorhandenen Reichtum zu vermehren. Über den engen Gesichtskreis des Bereichs der Mittel hierzu hinaus kennt er nichts: sein Geist ist leer, daher für alles andere unempfänglich. Die höchsten Genüsse, die geistigen, sind ihm unzugänglich. Durch die flüchtigen, sinnlichen, wenig Zeit, aber viel Geld kostenden, die er zwischendurch sich erlaubt, sucht er vergeblich jene anderen zu ersetzen. Am Ende seines Lebens hat er dann als Resultat desselben, wenn das Glück gut war, wirklich einen recht großen Haufen Geld vor sich, welchen noch zu vermehren oder aber durchzubringen er jetzt seinen Erben hinterläßt. Ein solcher, wiewohl mit gar ernsthafter und wichtiger Miene durchgeführter Lebenslauf ist daher ebenso töricht wie mancher andere, der geradezu die Schellenkappe zum Symbol hatte. *Schopenhauer*

Wonach Du sehnlichst ausgeschaut,
Es wurde dir beschieden.
Du triumphierst und jubelst laut:
Jetzt hab' ich endlich Frieden.

Ach, Freundchen, werde nicht so wild.
Bezähme Deine Zunge.
Ein jeder Wunsch, wenn er erfüllt,
Kriegt augenblicklich Junge.

Wilhelm Busch

Eine Mark täglich, drei Mark täglich, tausend Mark täglich, nennst du das mein Eigentum? Ich werte es gering; gering alles, was ich mir dafür verschaffen kann. Denn was liegt daran? Ob in zerrissenen Schuhen, ob in leicht federndem Vierspänner, der Mensch kommt immer an das Ende der Reise. *Carlyle*

Wer immer nach dem Nutzen strebt,
Der glaubt wohl, daß er ewig lebt,
Sonst würd' er vor der Frage stutzen:
Am letzten Tag, wo bleibt der Nutzen?

Blumenthal

In Arkadien geboren, wie Schiller sagt, sind wir freilich alle, d.h. wir treten in die Welt, voll Ansprüche auf Glück und Genuß, und hegen die törichte Hoffnung, solche durchzusetzen. In der Regel jedoch kommt bald das Schicksal, packt uns unsanft an und belehrt uns, daß nichts unser ist, sondern alles sein, indem es ein unbestrittenes Recht hat, nicht nur auf allen unsern Besitz und Erwerb und auf Weib und Kind, sondern sogar auf Arm und Bein, Auge und Ohr, ja auf die Nase mitten im Gesicht. Jedenfalls aber kommt, nach einiger Zeit, die Erfahrung und bringt die Einsicht, daß Glück und Genuß eine Fata Morgana sind, welche, nur aus der Ferne sichtbar, verschwindet, wenn man herangekommen ist; daß hingegen Leiden und Schmerz Realität haben, sich selbst unmittelbar vertreten und keiner Illusion noch Erwartung bedürfen. Fruchtet nun die Lehre, so hören wir auf, nach Glück und Genuß zu jagen, und sind vielmehr darauf bedacht, dem Schmerz und Leiden möglichst den Zugang zu versperren. Wir erkennen alsdann, daß das Beste, was die Welt zu bieten hat, eine schmerzlose, ruhige, erträgliche Existenz ist, und beschränken unsere Ansprüche auf diese, um sie desto sicherer durchzusetzen. Denn, um nicht sehr unglücklich zu werden, ist das sicherste Mittel, daß man nicht verlange, sehr glücklich zu sein. *Schopenhauer*

Es ist all und überall Lumperei und Lauserei und ich habe gewiß keine eigentlich vergnügte Stunde, bis ich mit Euch zu Nacht gegessen und bei meinem Mädchen geschlafen habe. Wenn Ihr mich lieb behaltet, wenige Gute mit geneigt bleiben, mein Mädchen treu ist, mein Kind lebt, mein großer Ofen gut heizt, so habe ich vorerst weiter nichts zu wünschen. *Goethe*

Niemand hat einen Begriff, daß der Mensch resignieren muß, wenn er zu etwas kommen will. *Goethe*

Das Leben hat mich gelehrt, daß alles auf die Menschen ankommt, nicht auf die sogenannten Verhältnisse. Die Menschen, in neunundneunzig Fällen von hundert, machen diese. Auch wenn sie sich ungünstig gestalten, werden sie durch das, was wir in uns haben, doch schließlich besiegt. Besiegt, nicht um als irgendein Rothschild oder sonstiger Glücksprinz aus ihnen hervorzugehen, aber doch insoweit, um den feindlichen Mächten einen ehrenvollen Frieden abzuzwingen. *Fontane*

Gäb's nicht im Leben Essig und Ärger,
Woran kenntest Du Glück und Johannisberger?

Im Bremer Ratskeller

Wer nie sein Brot mit Tränen aß,
Wer nie die kummervollen Nächte
Auf seinem Bette weinend saß,
Der kennt euch nicht, ihr himmlischen Mächte!

Goethe

Erscheint Dir etwas unerhört,
Bist Du im tiefsten Herzen empört.
Bäume nicht auf, versuch's nicht mit Streit,
Berühr es nicht, überlaß es der Zeit.
Am ersten Tag wirst Du feige Dich schelten,
Am zweiten läßt Du Dein Schweigen schon gelten,
Am dritten hast Du's überwunden,
Alles ist wichtig nur für Stunden.
Ärger ist Zehrer und Lebensvergifter,
Zeit ist Balsam und Friedestifter.

Fontane

Erst der Rückschlag gibt dem Menschen seine volle vorstoßende Kraft. Der schöpferische Genius, er vor allem braucht diese zeitweilig erzwungene Einsamkeit, um von der Tiefe der Verzweiflung, von der Ferne des

Außgestoßenseins, den Horizont und die Höhe seiner wahren Aufgabe zu ermessen. Die bedeutsamsten Botschaften der Menschheit sind aus dem Exil gekommen, die Schöpfer der großen Religionen Moses, Christus, Muhammed, Buddha, alle mußten sie erst eingehen in das Schweigen der Wüste, das Nicht-unter-Menschen-Sein, ehe sie ihr entscheidendes Wort erheben konnten. Miltons Blindheit, Beethovens Taubheit, das Zuchthaus Dostojewskis, der Kerker Cervantes', die Einschließung Luthers auf der Wartburg, das Exil Dantes und Nietzsches selbstwillige Verbannung in die eisigen Zonen des Engadins, alle waren sie gegen den wachen Willen des Menschen geheim gewollte Forderung des eignen Genius. Aber auch in der niederen, in der irdischeren, in der politischen Welt schenkt ein zeitweiliges Außensein dem Staatsmann neue Frische des Blicks, ein beßres Überdenken und Berechnen des politischen Kräftespiels. Nichts Glücklicheres kann darum einer Laufbahn geschehen als ihre zeitweilige Unterbrechung, denn wer die Welt einzig nur immer von oben sieht, aus der Kaiserwolke, von der Höhe des elfenbeinernen Turmes und der Macht, der kennt nur das Lächeln der Unterwürfigen und ihr gefährliches Bereitsein: wer immer selbst das Maß in Händen hält, verlernt sein wahres Gewicht. Nichts schwächt den Künstler, den Feldherrn, den Machtmenschen mehr als das unablässige Gelingen nach Willen und Wunsch, erst im Mißerfolg lernt der Künstler seine wahre Beziehung zum Werk, erst an der Niederlage der Feldherr seine Fehler, erst an der Ungnade der Staatsmann die wahre politische Übersicht. Immerwährender Reichtum verweichlicht, immerwährender Beifall macht stumpf, nur die Unterbrechung schafft dem leerlaufenden Rhythmus neue Spannung und schöpferische Elastizität. Nur das Unglück gibt Tiefblick und Zeitblick in die Wirklichkeit der Welt. *Stefan Zweig*

Darum müßt Ihr ein Herz und Trotz fassen gegen Euch selbst und mit Zorn gegen Euch selbst sprechen: „Hebt euch, ihr Teufelsgedanken, in den Abgrund der Hölle mit Sterben und Tod; hier habt ihr nichts zu schaffen!" und so weiter, und die Zähne zusammengebissen wider die Gedanken und in Gottes Willen solchen harten Kopf aufgesetzt und halsstarriger und eigensinniger sich gemacht, denn kein böser Bauer oder Weib, ja härter, denn kein Amboß noch Eisen ist. . . .

Aber der allerbeste über allen Rat ist, wenn Ihr überhaupt nicht mit ihnen kämpfen möchtet, sondern könntet sie verachten und tun, als fühlet Ihr sie nicht, und gedächtet immer etwas anderes und sprächt also zu ihm: „Wohlan, Teufel, laß mich ungeschoren, ich kann jetzt nicht deiner Gedanken warten! Ich muß reiten, fahren, essen, trinken, das oder das tun; ich muß jetzt fröhlich sein, komm morgen wieder!" et cetera. Und was ihr sonst könntet vornehmen, spielen und dergleichen, damit Ihr solche Gedanken nur frei und wohl verachtet und von Euch weiset, auch mit groben, unhöflichen Worten, als: „Lieber Teufel, kannst du mir nicht näher, so lecke mich et cetera, ich kann dein jetzt nicht warten!" *Luther*

ZWEITES KAPITEL

DIE QUELLEN DES KUMMERS

Wir müssen uns Geist anschaffen oder einen Strick.

Antisthenes

I

BEISPIEL

Die Natur hat dafür gesorgt, daß es, um glücklich zu leben, keines großen Apparates bedarf; ein jeder kann sich glückselig machen. Die äußeren zufälligen Umstände sind von geringer Bedeutung und haben nach beiden Seiten keinen großen Einfluß. Seneka

Das Rom des Kaisers Claudius war kein behaglicher Aufenthalt. Der Kaiser ein hinkender, stotternder Gelehrter, wohlmeinend, aber schwach und unbeherrscht; neben ihm die junge schöne Kaiserin Messalina, deren mannstolle Gier fünf Athleten in einer Nacht nicht zu stillen vermochten; die Oberschicht kultiviert und voll glänzender Traditionen, aber in übermäßigem Wohlstand erschlaffend; das Heer rebellisch und unberechenbar; geduckt und schweigend das Volk.

In dieser Welt wuchs der junge Seneka heran. Dem römischen Geldadel entsprossen, hatte er Philosophie und Redekunst studiert, eine Bildungsreise nach Ägypten unternommen und war dann, wie jeder junge Mann seines Standes, in den Staatsdienst getreten. Unwiderstehliche Beredsamkeit und unabhängige Gesinnung hatten dem Jüngling großes politisches Ansehen und den Haß des Kaisers Caligula, des Vorgängers des Claudius eingetragen; vor den Dolchen des Kaisers hatte ihn nur die Nachricht gerettet, er sei lungenkrank und habe nicht mehr lange zu leben.

Caligulas Nachfolger Claudius las die eleganten Schriften des hoffnungsvollen Beamten, der in einer überfeinerten Welt die Einfachheit und Entsagung der griechischen Stoiker predigte, mit Vergnügen und Beifall. Seneka wurde der Mittelpunkt der literarischen Salons und die Hoffnung vieler Politiker.

Da trifft ihn plötzlich ein Edikt Messalinas: auf Lebenszeit wird er nach der rauhen Felseninsel Korsika verbannt, sein Vermögen wird eingezogen. Jäh herausgerissen aus einer stolzen politischen Laufbahn und aus dem Kreise seiner Leser und Bewunderer, aus dem glänzenden Wohlleben und der geschliffenen Kultur der Reichshauptstadt, sieht er sich - plötzlich ein kranker, verlassener Bettler - in die darbende Einsamkeit fremdsprachiger Barbarenstämme versetzt.

In Korsika angelangt, schreibt er sogleich einen langen Trostbrief an seine Mutter. Mit philosophischer Souveränität legt ihr der Vierzigjährige dar, die Verbannung bedeute für ihn kein Unglück, ja ein Mensch seiner Art könne überhaupt nicht unglücklich werden. Eine Verbannung sei nichts anderes als ein Wechsel des Aufenthaltsortes; dem Weisen aber sei jeder Ort ein Vaterland. „Zwei Dinge, die herrlichsten von allen, werden uns begleiten, wohin wir uns auch wenden: die Allnatur und die eigne Tüchtigkeit. Dafür, glaube mir, ist gesorgt von jenem Bildner des Weltalls, wer er auch sein mag, sei er ein allmächtiger Gott oder eine unkörperliche Vernunft, daß nichts als nur die geringfügigsten Dinge fremder Willkür unterworfen sind. Alles, was das Beste für den Menschen ist, liegt außerhalb menschlicher Macht und kann weder gegeben noch entrissen werden, nämlich diese Welt, das Größte und Schönste, was die Natur geschaffen hat, und der Geist, der Betrachter und Bewunderer dieser Welt, ihr herrlichster Teil, uns eigen und unverlierbar." Auch der Verlust von Amt und Vermögen könne ihn nicht grämen: „Wie wenig ist es doch, was zur Erhaltung des Menschen nötig ist, und wem kann es daran fehlen, der nur irgendeine moralische Kraft besitzt? Wenigstens was mich betrifft, so erkenne ich, daß ich nicht an Reichtum, sondern an Geschäften verloren habe. Des Körpers Bedürfnisse sind gering; Kälte will er abgewehrt wissen, Hunger und Durst durch Nahrungsmittel stillen; was man außerdem begehrt, wirkt den Lastern, nicht den Bedürfnissen in die Hände." So betrachtet er der Reihe nach alle irdischen Güter: „Aber ein Verbannter wird Kleidung und Haus vermissen! Auch dies wird er nur begehren, soweit er es braucht, und es wird ihm weder an einem Obdach noch an einer Hülle fehlen, denn der Körper wird mit ebenso wenigem bedeckt wie ernährt. Nichts, was die Natur dem Menschen notwendig machte, hat sie ihm mühsam gemacht. Vermißt er aber ein mit vielen Schnecken gefärbtes, mit Gold durchwebtes und mit vielen Farben kunstreich gesticktes Purpurkleid, so ist er nicht durch Schuld der Natur, sondern durch seine eigene arm." Völlig unberührt lasse ihn die Verachtung der Menschen: „Meinst Du, irgendein Weiser könnte durch Beschimpfung gekränkt werden, er, der alles in sich selbst niedergelegt und sich von den Meinungen des großen Haufens losgemacht hat? Mehr noch als Beschimpfung ist ein schimpflicher Tod. Dennoch betrat Sokrates mit derselben Miene, mit der er einst die dreißig Tyrannen allein zur Ordnung gerufen hatte, den Kerker, als wollte er dem Ort selbst das Beschimpfende nehmen, denn er konnte nicht mehr als Gefängnis erscheinen, wenn ein Sokrates darin war."

Acht Jahre lebt er in der Felswüste Korsikas, dann ruft ihn Agrippina, des Kaisers zweite Gemahlin, zurück und macht ihn zum Erzieher ihres Sohnes Nero. Seneka spürt die krankhaften Züge seines Zöglings, und mit der ganzen Weisheit des Abendlandes sucht er sie einzudämmen. So groß ist das Gewicht seiner Persönlichkeit, daß der junge Prinz sich zunächst ganz seinem Einfluß überläßt: als er Kaiser wird, überträgt er seinem Erzieher die Regierung des Reiches. Fünf Jahre lang ist ein Philosoph unumschränkter Herrscher des Weltreichs, und er regiert es vortrefflich. Roms größter Kaiser, Trajan, hat diese Jahre die glücklichste Zeit des römischen Volkes genannt. Aber nach wenigen Jahren hat die ungeheure Machtstellung in dem pathologischen Kaiser die Dämme hinweggespült, die Seneka in seinem Geiste errichtet hatte. Größenwahn und Blutrausch reißen ihn fort. Ratgeber um Ratgeber läßt er ermorden, seine Mutter Agrippina im Bett erwürgen. Noch bleibt Seneka. In schweren Gewissenszweifeln schreibt er eine Abhandlung „Über die Gemütsruhe": „Wenn das Schicksal dich vom ersten Platz im Staate verdrängt, bleibe auf deinem

Posten und hilf durch deinen Zuruf. Wenn man dir die Kehle zudrückt, bleibe auf deinem Posten und hilf durch dein Schweigen. Niemals ist die Anstrengung eines guten Bürgers nutzlos. Sein Wort, seine Erscheinung, seine Miene, sein Wink, seine schweigende Beharrlichkeit, sein Kommen und Gehen ist von segensreicher Wirkung. Wie manche Heilmittel, ohne daß man sie schmeckt und berührt, schon durch ihren Geruch heilsam sind, so wirkt rechtes sittliches Verhalten segensreich auch aus der Entfernung und im Verborgenen." Aber nur einige Jahre kann er dies Spiel durchstehen, dann tritt er zurück. Über das Schicksal, das ihn erwartet, hat er keine Zweifel.

Drei Jahre läßt Nero seinen alten Lehrer auf das Todesurteil warten. Seneka, obwohl gepeinigt von einer schweren Herzangina, die die Alten die „Vorbereitung auf den Tod" nannten, nutzt die Frist, um unablässig Buch um Buch zu schreiben: naturwissenschaftliche Untersuchungen, eine Schrift über ein von ihm erfundenes System der Stenographie, blutrünstige Tragödien und vor allem Abhandlungen über die Kunst zu leben. Er ist keine Schöpfernatur, aber in einer eindrucksvollen „Philosophie der Defensive" stellt er zusammen, was die Weltweisheit gegen die Unbilden des Schicksals zu sagen vermag. Er fühlt sich als Erzieher des Menschengeschlechts: „Ich betreibe die Angelegenheit kommender Generationen." Nie erwähnt er seine staatsmännische Tätigkeit. Nur sein künstlicher Stil, überladen mit Zitaten und Anekdoten, verrät die letzten Spuren irdischer Eitelkeit. Aber seine Schwächen gesteht er offen ein; einem Freunde, der seinen Rat erbittet, schreibt er: „Hier wohnt kein Arzt, sondern ein Kranker.“

Obwohl er ein gewaltiges Vermögen angesammelt hat, lebt er einfach: er ißt vegetarisch, hauptsächlich Brot und Feigen, und „nach meinem Frühstück brauche ich mir nicht die Hände zu waschen“; er schläft auf hartem Lager; er besucht kein Theater; er reist auf einem schäbigen Maultierkarren. Aber er wirft den Reichtum nicht weg. „Ein großer Mann ist, wer Tongeschirr so benutzt, als wäre es Silber. Nicht weniger groß ist aber auch, wer Silber so benutzt, als sei es ein Tongeschirr. Es ist ein Zeichen von sittlicher Schwäche, wenn man Reichtum nicht ertragen kann.“ Den Tod hat er täglich vor Augen: „Ich sage mir: Ohne Bedeutung ist, was ich bisher mit Wort und Tat geleistet habe. Das sind nur schwache und trügerische Beweise meiner Gesinnung, die ich in prunkvolle Worte kleide. Meinen Fortschritten kann ich erst im Angesicht des Todes Glauben schenken. Furchtlos bereite ich mich daher auf den Tag vor, wo ich ohne viele Worte ungeschminkt über mich werde urteilen können, ob es nur Verstellung und Komödie war, was ich an trotzigen Worten gegen das Schicksal schleuderte. Erörterungen und gelehrte Gespräche, Sprüche, die wir uns aus den Vorschriften weiser Männer zusammensuchen, und ein gepflegter Vortrag sind noch kein Beweis für wahre Gesinnungsstärke, denn mit Worten sind auch die größten Feiglinge tapfer. Was Du zuwege gebracht hast, wird offenbar werden, wenn es ans Sterben geht. Ich nehme diese Bedingung an, ich fürchte den Urteilsspruch nicht.“

Dieser stolzen Worte erweist er sich würdig, als Nero endlich dem fast Siebzigjährigen das Todesurteil sendet. Er läßt sich im Bad die Pulsadern öffnen, tröstet die rings versammelten Freunde und geht sanft hinüber. Seine junge Gattin versucht ihm freiwillig zu folgen; der Kaiser läßt sie ins Leben zurückrufen, aber der Kummer rafft sie bald hinweg.

II

BETRACHTUNG

1

Für den Glückshaushalt der meisten Menschen sind drei Dinge entscheidend: Gesundheit, Geld und Geltung. Von der Gesundheit allein hängt drei Viertel unserer Zufriedenheit ab, daher denn ein gesunder Bettler glücklicher ist als ein kranker König.

Aber von allen Leiden der Welt sind die Leiden des Körpers für die Philosophie am unzugänglichsten. Zwar haben die Stoiker behauptet, der wahre Weise sei auch auf der Folter glücklich, aber dieser Satz ist das Muster einer leeren Prahlerei. Ständige körperliche Schmerzen sind die schwerste Last, die das Schicksal uns auferlegen kann. Wer die Gesundheit gefährdet, um Wohlstand, Ansehen oder gar bloßen Genuß zu gewinnen, ist schlechthin ein Narr.

Gegen große körperliche Leiden gibt es keinen Trost, sondern nur ärztliche Hilfe. Auch der Satz Epikurs, daß der Schmerz, wenn stark nur kurz, wenn lang nur schwach zu sein pflege, gilt nicht in allen Fällen.

Sind dagegen die Schmerzen nur von geringerer Stärke, so vermag der Geist viel. Ein berühmtes Beispiel hat Kant achtzigjährig aufgezeichnet: „Ich habe wegen meiner flachen und engen Brust, die für die Bewegung des Herzens und der Lunge wenig Spielraum läßt, eine natürliche Anlage zur Hypochondrie, welche in früheren Jahren bis an den Überdruß des Lebens grenzte. Aber die Überlegung, daß die Ursache dieser

Herzbeklemmung vielleicht bloß mechanisch und nicht zu heben sei, brachte es bald dahin, daß ich mich an sie gar nicht kehrte, und während ich mich in der Brust beklommen fühlte, im Kopf doch Ruhe und Heiterkeit herrschte, die sich auch in der Gesellschaft, nicht nach abwechselnden Launen (wie Hypochondrische pflegen), sondern absichtlich und natürlich mitzuteilen nicht ermangelte. Und da man des Lebens mehr froh wird durch das, was man im freien Gebrauche desselben tut, als was man genießt, so können Geistesarbeiten eine andere Art von befördertem Lebensgefühl den Hemmungen entgegensetzen, welche bloß den Körper angehen. Die Beklemmung ist mir geblieben; denn ihre Ursache liegt in meinem körperlichen Bau. Aber über ihren Einfluß auf meine Gedanken und Handlungen bin ich Meister geworden, durch Abwendung der Aufmerksamkeit von diesem Gefühle, als ob es mich gar nicht anginge."

Diese Schrift Kants wurde durch den großen Arzt Hufeland herausgegeben; kühn fügt er an dieser Stelle hinzu: „Selbst bei wirklichen Krankheiten müssen wir wohl unterscheiden: die Krankheit und das Gefühl der Krankheit. Das letztere übertrifft mehrenteils die erste bei weitem; ja man kann behaupten, man würde die eigentliche Krankheit, die oft nur in einer örtlich gestörten Verrichtung eines oft unbedeutenden Teiles besteht, gar nicht bemerken, wenn nicht die dadurch erregte allgemeine Unlust und Unbehaglichkeit oder unangenehmen Gefühle und Schmerzen unsern Zustand höchst peinlich machten. Diese Gefühle aber, diese Einwirkung der Krankheit auf das Ganze, stehen großenteils in unserer Gewalt. Eine schwache, verweichlichte Seele, eine deshalb erhöhte Empfindlichkeit, wird dadurch völlig übermannt; ein starker abgehärteter Geist weiset sie zu-

rück und unterdrückt sie. Jedermann gibt zu, daß es möglich ist, durch ein unerwartetes Ereignis, durch eine angenehme Zerstreuung, genug durch etwas, was die Seele stark von sich abzieht, sein körperliches Leiden zu vergessen. Warum sollte dies nun nicht der eigene feste Wille, die eigene Seelenkraft selbst bewirken können?"

Vollends hypochondrische Schmerzen vergehen sofort, wenn uns das Schicksal große Aufgaben zuwirft. Wir müssen daher, wenn wir solcher Schmerzen ledig werden wollen, uns solche Aufgaben selbst stellen und sie mit Leidenschaft ergreifen. Von den Einzelheiten solcher Zufluchtsstätten handelt das fünfte Kapitel. Nur müßige Menschen sind Hypochonder.

2

Eine zweite Gruppe von Leiden bildet der Mangel an irdischen Gütern, an Nahrung und Kleidung, an Wohnung, Erwärmung und Erholung. Von diesen Gütern ist eine bestimmte Mindestmenge zu unserm Glück unentbehrlich. Wer hungert oder friert, wer keinen ausreichenden Wohnraum oder keine Gelegenheit zu freier Erholung hat, dem kann weder Einsicht noch Übung zur Zufriedenheit verhelfen. Solange jene Mindestmenge fehlt, die unsre Existenz unverzichtbar erfordert, gilt es abzuhelfen, nicht zu philosophieren. Aber diese Mindestmenge kann jedem zur Verfügung stehen, sofern nicht eine Regierung in völligem Unverstand die Wirtschaft untergräbt. Es war unserm Jahrhundert vorbehalten, dem Volke bei hohen Strafen Nahrungssätze vorzuschreiben, deren Einhaltung früher den Ruf eines Heiligen eingebracht hat.

Erst oberhalb jener Mindestmenge beginnt das Problem, mit dem wir uns in dem vorigen Kapitel beschäftigt haben; bei seiner Erörterung waren wir zu dem Ergebnis gekommen, daß Zufriedenheit häufiger unter dem Dache eines mäßigen Wohlstandes zu finden ist als in den Palästen des Überflusses.

Diese Einsicht zwingt uns nicht, den Reichtum zu verachten. Sie veranlaßt uns nur, nicht von ihm abhängig zu werden. Als Seneka alle irdischen Güter verloren hatte, schrieb er seiner Mutter:

„Nie habe ich dem Glücke getraut, auch wenn es Frieden zu halten schien: Alles, was es mir gnädig zuerteilte, Geld, Ehrenstellen, Gunst, habe ich an einen solchen Ort gestellt, von wo es wieder weggenommen werden konnte, ohne daß es mich berührte. Ich hielt zwischen jenen Dingen und mir eine große Kluft, und so hat es denn dieselben wieder weggenommen, aber nicht losgerissen. Noch keinen hat das Unglück gebeugt, außer wen das Glück getäuscht hatte."

Freilich birgt dieser Ratschlag Senekas eine Gefahr. Alles Gewohnte wird leicht Bedürfnis oder – wie es Schopenhauer ausdrückte – „ein Hund bleibt nicht gleichgültig, indem man ihm ein Stück Braten durchs Maul zieht, und ein Weiser, wenn er hungrig ist, auch nicht. Die Stoiker aber glaubten sich dadurch mit ihren Grundsätzen abzufinden, daß sie, an einer luxuriösen römischen Tafel sitzend, kein Gericht ungekostet ließen, jedoch dabei versicherten, das wären samt und sonders bloße Zutaten, keine Güter, oder gut Deutsch zu reden, daß sie aßen und tranken und sich einen guten Tag machten, dabei aber dem lieben Gott keinen Dank dafür wußten, vielmehr gelangweilte Gesichter schnitten und nur immer brav versicherten, sie machten sich den Teufel etwas aus der ganzen Fresserei."

Aber dieser Hohn Schopenhauers ist nicht begründet. Die großen Stoiker haben wirklich – wie Seneka selbst –, wenn sie den irdischen Teil ihres Glückes hergeben mußten, von den Geschenken des Lebens Abschied genommen, ohne zu klagen. Auch Epikur, der Philosoph des Lebensgenusses, war kein Epikuräer, seine Lehre war sehr anders als Menschen glauben, die von ihm nicht mehr kennen als den Namen. Er lebte vorwiegend von Brot, Gerstengraupe und einem kleinen Becher Wein, und in einem seiner Briefe finden wir die Stelle: „Schicke mir etwas Käse, damit ich einmal etwas Leckeres essen kann, wenn mich die Lust anwandelt." Diese Gabe der Genügsamkeit ist auch in unserer Zeit nicht ausgestorben. Kant erzählt: „Auf solche Weise kann man den Anreiz zum Abendessen nach einer hinreichenden Sättigung des Mittags, für ein krankhaftes Gefühl halten, dessen man durch einen festen Vorsatz so Meister werden kann, daß auch die Anwandlung desselben nachgerade nicht mehr verspürt wird." Goethe aß abends fast nichts, und Fontane schreibt einmal einem Freunde: „Gott was ist Glück! Eine Grießsuppe, eine Schlafstelle und keine körperlichen Schmerzen – das ist schon viel."

Der Unterschied zwischen einem Einkommen von 1500 und 6000 Mark ist sehr viel größer als zwischen 6000 und 100000 Mark. Gewiß, die Masse wird die Anbetung des Geldes nicht eher aufgeben als am Nachmittag des Jüngsten Tages, aber die Gescheiten haben zu allen Zeiten gewußt, daß es nicht die Mahlzeiten von goldnen Tellern sind, die den Menschen am besten schmecken.

3

Wenn wir fünf Menschen in einem Eisenbahnabteil beobachten, so sehen wir, wie fast jeder bemüht ist, auf die andern Eindruck zu machen. Der eine erzählt von seinen noblen Bekanntschaften, der zweite kramt Dinge aus seinem Koffer, um die er beneidet zu werden hofft, der dritte beschäftigt sich emsig mit seinem Äußern, und all das wegen eines Eindrucks auf Menschen, die wir in wenigen Stunden zum letzten Male gesehen haben werden und deren Meinung uns weder nützen noch schaden kann.

Aber vielen Menschen scheint jenes Phantom – die Meinung, die sie in den Köpfen beliebiger anderer Menschen genießen – viel wichtiger als die wirklichen Dinge. Wieviel von den Ausgaben für Kleidung und Wohnung, für Geselligkeit und Hausrat entspringt nur dem Drang, Geltung zu gewinnen! Bewundert und beneidet zu werden, erscheint vielen als das schönste Glück, sowenig sie es auch zugeben. Dieser Geltungsdrang ist eine Quelle beständiger Leiden und Sorgen. Wie oft sind wir bedrückt, weil wir uns fragen, was wohl die Leute sagen werden; wie viele Dinge vermissen wir bitter, nicht weil wir sie wirklich entbehren, sondern weil ihr Fehlen unser Ansehen bei unsern Mitmenschen verringern könnte. Ja, selbst bei wirklichen Schicksalsschlägen – ein Kind mißrät, eine Gerichtsstrafe wird über uns verhängt – trifft uns oft die Minderung, die unser Ansehen erfahren könnte, empfindlicher als das Ereignis selbst. Ja, manche Menschen glauben, Verachtung sei schwerer zu ertragen als der Tod.

Wer sich einmal ganz die Erfahrung erarbeitet hat, daß die Meinungen der andern über uns – unsere Vorgesetzten abgerechnet – für unser wirkliches Wohl-

ergehen von sehr geringer Bedeutung sind, der hat einen guten Teil allen irdischen Kummers überwunden. Es ist kein Zufall, daß wir mit dem Worte „eitel" zugleich das Geltungsbedürfnis des Menschen und die Nichtigkeit der Welt bezeichnen. Jedermann weiß, wie geringschätzig die Menschen von Abwesenden zu sprechen pflegen, jedermann hat erlebt, wie dreiste Einfaltspinsel einen großen Mann von oben herab beurteilen, jedermann ist sich im klaren, was für ein fragwürdiges Gut die Meinung der Mitmenschen darstellt. Aber dennoch opfert er ihr täglich sein Geld, seine Zeit und seine Zufriedenheit, und namentlich Frauen sind imstande, für die Blicke der Vorübergehenden den Gegenwert tagelanger Arbeit herzugeben.

Es ist ein alter Rat, man solle sich bei jedem Schicksalsschlage fragen, welche unserer Schwächen er traf. Wenn wir das ehrlich tun, werden wir wieder und wieder die Eitelkeit als Quelle unseres Kummers finden.

4

Ach, es ist so dunkel in des Todes Kammer,
Tönt so traurig, wenn er sich bewegt
Und nun aufhebt seinen schweren Hammer
Und die Stunde schlägt.

Matthias Claudius

Der schwerste Schlag, den das Schicksal zu führen vermag, ist der Tod jener Menschen, die zu uns gehören. Mit ihnen verlieren wir unwiederbringlich einen Teil unserer Existenz. Dem Tode gegenüber ist jede irdische Philosophie zunächst machtlos. Nur die Zeit, deren heilende Wirkung entschlossene Arbeit steigern kann, vermag hier zu helfen.

Erst wenn die Zeit ihr Werk getan hat, wird es uns allmählich von selbst klar, daß zwei verschiedene Gefühle des Leides hier ineinandergreifen: das Mitleid mit dem Dahingegangenen und der Kummer um die Lücke in unserem eigenen Dasein.

Was das Schicksal des Toten angeht, so müssen wir uns der Worte erinnern, die Sokrates zu seinen Richtern sprach, als sie ihn zum Schierlingsbecher verurteilt hatten: „Von zwei Dingen ist der Tod eines. Entweder er ist eine Belohnung oder Strafe für unsere irdischen Taten; dann fürchte ich ihn nicht. Oder er ist ein traumloser Schlummer. Aber glaubt ihr denn, daß der Perserkönig in seinem Leben viele Tage gehabt hat, die schöner waren als ein traumloser Schlaf?"

Mit unserem eigenen Verlust steht es schwerer. Vergebens werden wir uns sagen, daß ein Mensch in der Erinnerung ein kraftvolles, ein segensreiches Leben weiterführen kann, daß seine Taten, seine Kinder leben: das alles sind matte Trostgründe. Schon eher kann uns der Gedanke helfen, daß jede Lücke eine Aufgabe darstellt, der wir uns hingeben müssen. Aber wahrhaft zu helfen vermag hier nur der Glaube.

5

Eine große Quelle der Leiden ist das Gefühl der Schuld. Bei jedem Schuldgefühl sollen wir uns prüfen: Haben wir einen Fehler begangen oder ein Unrecht? Anders ausgedrückt: Haben wir gegen die Regeln der Klugheit verstoßen oder gegen Gesetze der Moral? War es nur ein Fehler, so sollen wir weiter fragen, ob wir so gehandelt haben, wie wir nach unserer damaligen Kenntnis der Umstände handeln mußten. Haben wir das getan, so soll man sich mit dem Worte Walther Rathenaus trösten, der ein wirklich weltkundiger Mann war: „Ein handelnder Mensch muß zufrieden sein, wenn zwei Drittel seiner Entschlüsse zutreffen."

Dem Unrecht gegenüber aber gibt es – im Umkreis der irdischen Mittel – nur eine würdige Haltung: es wiedergutzumachen. Können wir das nicht gegenüber denen, an denen wir gefehlt haben, so müssen wir es gegenüber anderen tun. Die Welt ist ein Ganzes.

Es ist nicht klug, mit sich selbst im Kampfe zu liegen. Man muß mit sich selbst Freund sein, d. h. sich weder hassen noch verehren.

6

Unser Gefühl gegenüber kleinen Unannehmlichkeiten des Alltags nennen wir Ärger. Viele Menschen leiden unter ständigem Ärger über Alltagsstörungen mehr als unter dem Gram über große Schicksalsschläge.

Gegen den Ärger gibt es einige einfache Kunstgriffe. Der erste heißt Abstand. Die meisten Dinge, über die wir uns ärgern, werden uns in einem Jahr völlig gleichgültig, ja kaum erinnerlich sein. Ein verlorener Schlüssel, ein versäumter Zug, der Klatsch des Nachbarn, ein grober Beamter, kurzum Belanglosigkeiten, die wir in kurzem vergessen haben werden: wir erlauben es, daß solche Nichtigkeiten uns Stunden hindurch den Blick auf die übrige Welt verstellen, und opfern ihnen das einzige reale Gut, den heitren Genuß der Gegenwart. Dabei brauchen wir uns nur zu fragen, wie wir solche Ärgerquellen nach einem Jahr beurteilen werden, um ihre wirklichen Dimensionen zu erkennen.

Zur Ruhe gelangen wir, indem wir zunächst den Ausdruck der Unruhe unterdrücken. Wer die Äußerungen seiner Gefühle beherrscht, lernt seine Gefühle selbst beherrschen, lehrten die Stoiker. „Das also ist das erste Mittel, lieber Freund, sich vor der Herrschaft des Zornes zu retten: ihm kurzerhand den Gehorsam verweigern, wenn er uns dazu bringen will, laut zu schreien, mit den Augen zu rollen und uns selbst zu schlagen. Man soll vielmehr ganz ruhig bleiben und, wie bei einer Krankheit, die Leidenschaft nicht durch heftige Bewegungen und lautes Geschrei vermehren" (Plutarch).

Wer ruhig ist, ist immer überlegen. Nichts läßt sich so leicht durch Übung erarbeiten als die Beherrschung unserer Aufgeregtheit. Jeder kann sich beherrschen, wenn er mit einem Vorgesetzten redet. Was er dort kann, muß er auch sonst können. Und was am ersten Tag unmöglich erschien, ist am dreißigsten Sport, am hundertsten selbstverständliche Gewohnheit.

Freilich kann auch hier die Übung nur bestimmten Einsichten entspringen. Die erste dieser Einsichten ist die Überzeugung: diese Welt ist nicht so eingerichtet, daß alles in ihr glatt ablaufen könnte. Unfälle sind ein Element des Lebens. Wir dürfen uns über sie nicht wundern, da sie doch regelmäßig einzutreten pflegen, sondern müssen sie gleichsam als fällige Ereignisse hinnehmen. Die simple Leutnantsredensart: „Buchen wir es in die Rubrik Pech" enthält eine wohlfundierte Lebenserfahrung.

Eine zweite Einsicht besteht darin, daß im Alltagsleben die Kritik, die Lieblingsbeschäftigung vieler Menschen, eine lästige, ja schädliche Zeitvergeudung bedeutet. „Wer ruhig wirken will, muß nie schelten, um das Verkehrte sich nie kümmern, son-

dern nur das Gute tun", sagt Goethe. Er war überzeugt, daß alles Zweifeln, Kritisieren und Ablehnen die Menschen zugrunde richte, weil es in uns eine negative Haltung zur Welt großziehe, die unsere Aufnahmefähigkeit untergrabe. „Was wir an einem anderen billigen, versetzt uns selbst in eine produktive Stimmung und diese wirkt immer wohltätig." Goethe nahm die Menschen und Dinge, wie sie waren, und kam nicht auf den Gedanken, Menschen anders haben zu wollen, als sie die Natur geschaffen hatte: „Es ist eine große Torheit, zu verlangen, daß die Menschen mit uns harmonieren sollen. Ich habe es nie getan. Ich habe einen Menschen immer nur als ein für sich bestehendes Individuum angesehen, das ich zu erforschen und das ich in seiner Eigentümlichkeit kennenzulernen trachtete, wovon ich keine weitere Sympathie verlangte. Dadurch habe ich es nun dahin gebracht, mit jedem Menschen umgehen zu können, und dadurch allein entsteht die Kenntnis mannigfaltiger Charaktere sowie die nötige Gewandtheit im Leben. Gerade bei widerstrebenden Naturen muß man sich zusammennehmen, um mit ihnen durchzukommen, und dadurch werden alle die verschiedenen Seiten in uns angeregt und zur Entwicklung und Ausbildung gebracht, so daß man bald jedem Visavis sich gewachsen fühlt." Er war deshalb auch keineswegs streitlustig, sondern erklärte kurzerhand: „Streiten soll man sich nicht, nur das Entgegengesetzte faßlich machen."

Wer einen Menschen von allen seinen Irrtümern befreien wollte, käme nie damit zurecht; warum sollen wir also damit anfangen, sofern sein Irrtum nicht unmittelbar für uns selbst schädlich ist? Wer sicher ist, recht zu haben, legt keinen Wert darauf, Recht zu behalten.

Schließlich gibt es bei vielen Ärgerquellen einen wichtigen Trost: wir wissen bei den Unfällen des Alltags nie, was sie vielleicht Gutes mit sich bringen. Und auch wenn sie selbst nichts Gutes enthalten, können wir etwas Gutes aus ihnen machen: Wir müssen bei einer Behörde warten; das gibt uns Zeit, manches zu überdenken, wofür wir uns sonst keine Zeit nehmen. Wir versäumen einen Zug und mit ihm eine wichtige Zusammenkunft: wer weiß, was für Unheil aus ihr hervorgegangen wäre. Eine Krankheit fesselt uns ans Haus: sie gibt uns Gelegenheit, uns endlich einmal unseren Kindern zu widmen. „Den Zufall bändige zum Glück“, sagt Goethe in der Natürlichen Tochter.

7

Dies Register der Leiden will nicht vollzählig sein. Es gibt ihrer noch unzählige andere, leichte und schwere. Zu den schwereren Leiden gehört das Gefühl, an falscher Stelle seine Kräfte zu verbrauchen, denn das Glück eines Menschen besteht, wie Aristoteles sagt, zum guten Teile aus der Ausübung seiner hervorstechendsten Fähigkeit. Nur vorübergehend kann hier das Wort Goethes trösten: „Ich würde auf dem geringsten Dorf und auf einer wüsten Insel ebenso betriebsam sein müssen, um nur zu leben. Sind es denn auch Dinge, die mir nicht anstehen, so komme ich darüber leicht hinweg, weil es ein Artikel meines Glaubens ist, daß wir durch Standhaftigkeit und Treue in dem gegenwärtigen Zustande ganz allein der höheren Stufe eines folgenden wert und sie zu betreten fähig werden, es sei nun hier zeitlich oder dort ewig.“ Aber auf die Dauer gehört die Fehlleitung unserer Kräfte zu den Leiden, die wir wegräumen, nicht wegphilosophieren müssen.

Zu den schweren und doch völlig grundlosen Leiden gehört das Gefühl, unser Leben zerrinne uns unter den Händen, ohne seinen Sinn zu erfüllen. Aber das Leben hat keinen Sinn, wir können ihm nur selbst einen Sinn geben. Und dieser Sinn kann nicht bestehen in der Erreichung bestimmter fester Ziele, sondern nur in dem Prozeß des Lebens selbst, d. h. in der Art, wie wir der Forderung des Tages innerlich und äußerlich genügen.

Zu den schweren Schmerzen zählt auch die Sorge um das Wohl des Vaterlandes, aber hier kann jeder Baustein um Baustein zur Besserung beitragen, sofern es ihm mehr um die Wohlfahrt zu tun ist als um den Glanz.

Zu den schwersten Schicksalsschlägen zählt der Verlust der Heimat. Hier kann nur der Entschluß helfen, ein neues Land zur neuen Heimat zu machen.

8

Der schlimmste aller seelischen Leidenszustände ist die Verbitterung. Wenn die offenkundige Ungerechtigkeit der Welt immer neue Unbilden über das Haupt eines Menschen hereinbrechen läßt, bildet sich in seinem Gemüte ein Zustand verkrampfter Ablehnung, der für die Lebendigkeit der Welt kein Organ mehr hat und alle irdischen und himmlischen Werte ohne Prüfung verhöhnt und verachtet.

Dem Verbitterten muß man die nüchterne Wahrheit predigen, daß diese Welt überhaupt nicht auf eine Gerechtigkeit der äußeren Schicksale angelegt ist. Wer bei einer Lotterie erwarten wollte, daß die Gewinne entsprechend den moralischen Qualitäten der Mitspieler herauskommen, würde überall als Narr gelten. Nicht größer sind die Chancen der Gerechtig-

keit in dem Lauf der Welt. Keine Religion hat je behauptet, daß diese Welt eine Welt der Gerechtigkeit sei, vielmehr haben alle Religionen mit dem Problem gerungen, wie sie die offenbare Ungerechtigkeit der Welt mit dem Dasein eines gütigen Gottes vereinigen könnten; sie haben hierfür eine Reihe von Lösungen gefunden – von der Existenz eines Gegengottes bis zum Gedanken der Prüfung und des himmlischen Reiches. Jeder erfolgreiche Mensch gibt, wenn er aufrichtig ist, zu, daß er mehr als die Hälfte seiner Erfolge dem Zufall verdankt. Und daß von einem gnädigen Schicksal auch Schurken oder Dummköpfe emporgetragen werden, lehrt jeder Blick auf die Zepter der Macht. Mit der Ungerechtigkeit der Welt muß sich jeder Mensch ein für allemal abfinden wie mit der Existenz des schlechten Wetters.

Es gibt nur eine Tatsache, die uns mit diesem Fundament menschlichen Schicksals aussöhnen kann, nämlich die Einsicht, daß das äußere Schicksal nicht entscheidend ist für die innere Zufriedenheit, und daß wir alles, was wir dem Weltlauf nicht abbetteln und abpressen können, von der Formung unseres Geistes erhoffen dürfen.

Wir neigen alle dazu, uns auszumalen, wie glücklich wir wären, wenn wir dieses Haus oder jene Frau besäßen. Aber es wäre viel klüger, sich umgekehrt vorzustellen, wie unglücklich wir werden würden, wenn wir diesen oder jenen Teil unseres Besitzes einbüßten. Und auch im Unglück kann man sich überlegen, wie viel schlimmer es noch hätte kommen können. Cecil Rhodes, der „Napoleon Südafrikas" und einer der reichsten Männer der Welt, nannte diese Überlegungen „den Komparativ zu betrachten". Als das Mißlingen des Jamesonputsches ihn über Nacht seine Stellungen kostete, hatte er gute Ge-

legenheit, diese Philosophie zu betätigen. Einer seiner Freunde erzählt, wie Rhodes ihn damals, als sie auf einer Expedition in einem Zelte kampierten, mitten in der Nacht weckte. „Was ist los", sagte der Freund, als er den großen Mann plötzlich im Hemd vor sich stehen sah, „brennt das Zelt?" „Nein", sagte Rhodes, „ich wollte Ihnen nur sagen: haben Sie sich je überlegt, was es für ein Glück für Sie ist, als Engländer geboren zu sein, wo es so viele Millionen gibt, die nicht als Engländer geboren sind? Und nicht nur das! Sie haben einen kräftigen, gesunden Körper, während Millionen von Krankheiten zerfressen sind. Das ist alles, das ist alles, was ich sagen wollte!" „Der gute Kerl", fügt der Freund hinzu, „er hat an den Jamesonputsch denken müssen und wollte nur ein wenig den Komparativ betrachten."

III

EIDESHELFER

Es wird zu unserem Glücke beitragen, wenn wir beizeiten die simple Einsicht erlangen, daß jeder zunächst und wirklich in seiner eigenen Haut lebt, nicht aber in der Meinung anderer, und daß demnach unser realer und persönlicher Zustand, wie er durch Gesundheit, Temperament, Fähigkeiten, Einkommen, Weib, Kind, Freunde, Wohnort usw. bestimmt wird, für unser Glück hundertmal wichtiger ist, als was es anderen beliebt, aus uns zu machen. Der entgegengesetzte Wahn macht unglücklich. *Schopenhauer*

Was das an den individuellen Leib gebundene individuelle Bewußtsein betrifft, so wird es täglich durch den Schlaf gänzlich unterbrochen. Der tiefe Schlaf ist vom Tode, in welchen er oft, z. B. beim Erfrieren, ganz stetig übergeht, für die Gegenwart seiner Dauer gar nicht verschieden, sondern nur für die Zukunft, nämlich in Hinsicht auf das Erwachen. Der Tod ist ein Schlaf, in welchem die Individualität vergessen wird. Alles andere erwacht wieder, oder vielmehr ist wach geblieben.

Schopenhauer

Nicht Ekel empfinden oder verzagen oder mutlos von deinem Vorhaben abstehen, wenn es dir nicht immer gelingt, gemäß den rechten Grundsätzen alles, was du tust, zu vollbringen! Nein! Wenn du einen Mißerfolg gehabt hast, dann mußt du zu ihnen zurückkehren und zufrieden sein, wenn die Mehrzahl deiner Handlungen menschenwürdig ist, und mußt das lieben, zu dem du zurückkehrst. *Marc Aurel*

Überall finde ich nur Gutes und Liebes. Bin überall willkommen, weil ich die Menschen lasse wie sie sind, niemanden etwas nehme, sondern nur empfange und gebe. Wenn man zu Hause den Menschen so vieles nachsähe, als man auswärts tut, man könnte einen Himmel um sich verbreiten.

Goethe

Jeder Tag besteht für sich. Wie kann man leben, wenn man nicht jeden Abend sich und anderen Absolution erteilt.

Goethe

Merkwürdigerweise wird im gewöhnlichen Leben der Ärger nicht als krankhafter Zustand gerechnet, und er ist doch viel gefährlicher und schädigender als Alkohol. Wenn ich überhaupt einem Bunde beitreten oder einen Verein gründen würde, so würde ich einen Antiärgerbund gründen. Ärger ist ein unsichtbares, viel feineres und durchdringenderes Gift als z. B. der Alkohol.

Jedenfalls muß das das oberste Selbstgesetz werden für jeden Menschen: Tue und entscheide nichts, solange du noch im Zustande der Verärgerung bist. Erst sieh zu, daß du wieder ganz hergestellt bist, dann besieh die zugefügten Schädigungen. Ärger kommt, der Anlässe sind genug auf diesem Planeten, und ein Ärger ist verzeihlich wie ein Rausch und jede Entgleisung. Aber man darf nicht in der Entgleisung bleiben, sondern muß so bald wie möglich zurückkehren in den gesunden Zustand. Die wichtigen äußerlichen Mittel bleiben – Essen und Ruhe.

Lhotzky

All euer girrendes Herzeleid
Tut lange nicht so weh
Wie Winterkälte im dünnen Kleid,
Die bloßen Füße im Schnee.

All eure romantische Seelennot
Schafft nicht so herbe Pein,
Wie ohne Dach und ohne Brot
Sich betten auf einen Stein.

Ada Christen

DRITTES KAPITEL

MUT

Gut verloren – etwas verloren.
Mußt rasch Dich besinnen
Und Neues gewinnen.
Ehre verloren – viel verloren.
Mußt Ruhm gewinnen
Dann werden die Leute sich anders besinnen.
Mut verloren – alles verloren
Dann wäre es besser nicht geboren.

Goethe

I

BEISPIEL

Einer der Grundsätze Vivian Greys war: „Alles ist möglich.“ „Zweifellos gibt es Menschen, die in ihrem Leben scheitern, aber alle diese Niederlagen erklären sich aus einem Mangel an sittlichem und körperlichem Mut.“ Nun, Vivian Grey wußte, daß es zum mindesten ein Wesen auf der Welt gab, das weder moralisch noch physisch die Furcht kannte, und er war seit langem zu dem angenehmen Schluß gekommen, daß seine Laufbahn notwendigerweise glänzend sein werde.

Disraeli

Auf der Terrasse des Gasthofs zum Löwen in einem englischen Landstädtchen steht ein junger Mann. Er ist seltsam kostümiert: schwarzer, mit weißem Atlas gefütterter Samtrock, scharlachfarbene, wie ein Pantoffel gestickte Weste, purpurfarbige Beinkleider mit goldnen Biesen, Spitzenmanschetten bis zu den Fingernägeln, zahlreiche Brillantringe auf den weißen Handschuhen, schwarze bis auf die Schultern fallende gesalbte Locken und mehrere goldene Ketten um den Hals. An der steinernen Löwenfigur lehnt ein Spazierstock mit goldnem Knopf und breiten Troddeln.

Es ist eine Wahlrede, die er hält, und er schließt sie mit der feierlichen Versicherung: „Wenn morgen die Wahl zu Ende ist, dann werde ich hier sein“ – damit zeigt er auf den Kopf des Löwen – „und mein Gegner hier“ – damit zeigt er auf seinen Schwanz.

Der Beifall ist lebhaft, aber die Prophezeiung ist falsch: Benjamin Disraeli bekommt nur zwölf Stimmen von den zweiunddreißig seines Wahlkreises. Man schreibt 1831.

Es ist nicht seine erste Enttäuschung. Sein Vater – wohlhabender Rentner und Schriftsteller – hatte seinen Sohn taufen lassen und ihn auf eine Privatschule geschickt, wo der frühreife Junge von seinen Mitschülern bewundert und gehänselt wurde. Heimlich nimmt er drei Jahre lang Boxunterricht, fordert dann den stärksten der Klasse heraus und schlägt ihn bis zur Bewußtlosigkeit. Aus der Schule geworfen, erklärt er seiner Schwester, er habe sich entschlossen, der Größte aller Menschen zu werden; er schwanke nur, ob ein neuer Homer oder ein neuer Alexander. Er entscheidet sich für Alexander – weil Dichter erst nach ihrem Tode berühmt werden –, entwirft ein ungeheures Studienprogramm, beginnt, als er zwanzig ist, an der Börse zu spekulieren, beteiligt sich an einer Zeitungsgründung und schreibt einen Roman. An der Börse verliert er ein Vermögen und gerät für sein ganzes Leben in drückende Schulden; aus der Zeitung wird er ausgeschifft, ehe das erste Blatt gedruckt ist, und als der Gesellschaftsroman erscheint, verspottet die Kritik „den Anspruch des Verfassers auf eine Vornehmheit, die er gar nicht besitzt".

Er ist nicht entmutigt, er entschließt sich, in die Politik zu gehen, kandidiert für die Linksradikalen und fällt durch – gleich zweimal hintereinander.

Sogleich kehrt er in die Dichtkunst zurück und schreibt ein Epos, das er mit den Werken Homers,

Vergils, Dantes und Miltons vergleicht. Aber das Meisterwerk wird ausgelacht.

Unverdrossen wendet er sich wieder der politischen Laufbahn zu. Aber jetzt will er sich erst eine Position schaffen und stürzt sich in den Strudel des Londoner Gesellschaftslebens. Er tut es mit guter Zuversicht: „Ich entdeckte plötzlich, daß ich im Besitz sehr schön geformter Beine war, was ich bisher nicht gewußt habe." Gestützt auf seine neuen Beziehungen kandidiert er wieder und fällt zum dritten Male durch. Gelassen schreibt er der Schwester: „Ich bin durchaus nicht mutlos, ich fühle mich in keiner Hinsicht wie ein geschlagener Mann, vielleicht kommt das daher, daß ich an Niederlagen gewöhnt bin. Ich kann fast dasselbe sagen wie jener berühmte italienische General, der, als er in seinen alten Tagen gefragt wurde, woher es komme, daß er immer siege, als Ursache angab, daß er in seiner Jugend immer geschlagen worden sei."

Als ihn Premierminister Lord Melbourne in einer Gesellschaft fragt, was er werden wolle, antwortet der bankrotte Romanschriftsteller: „Ich möchte Premierminister werden." Aber dies Ziel scheint sehr fern. Seine Schulden sind auf eine halbe Million angestiegen, vor Wahlversammlungen muß er bei seinem Anwalt anfragen, ob er es wagen könne auszugehen oder ob ihn seine Gläubiger in Schuldhaft nehmen würden. So entschließt er sich zu einem gründlichen Frontwechsel: er tritt von den Linksradikalen zu den Konservativen über. Jetzt kandidiert er für die äußerste Rechte – und fällt zum vierten Male durch.

War er endgültig gestrandet? Nicht einen Augenblick kommt dem Unerschütterlichen dieser Gedanke. Unverzagt und siegessicher kämpft er weiter, und diesmal hilft ihm das Schicksal: eine ältliche Verehrerin verschafft ihm einen Parlamentssitz.

Endlich sieht er sich am Ziel seiner Kämpfe, endlich steht er vor dem Unterhaus und hält die seit fünfzehn Jahren sorgfältig vorbereitete Meisterrede. Aber er kann die Meisterrede nicht zu Ende sprechen, seine Worte gehen im Hohngelächter des Hauses unter.

Indes auch dieser Zwischenfall kann ihn nicht entmutigen. Als das Haus seine zweite, sehr nüchterne Rede mit höflichem Beifall anhört, schreibt er seiner Schwester: „Ich habe die glänzendste, triumphierendste Rede gehalten . . ." Und jetzt scheint es vorwärts zu gehen. Er heiratet jene fünfzehn Jahre ältere Verehrerin – sie hat 80000 Mark jährliche Rente –, er kann seine Gläubiger, wenn auch nicht bezahlen, so doch vertrösten, er schreibt mehrere erfolgreiche Romane und er hofft, Minister zu werden, wenn die Konservativen das Steuer ergreifen. Als Peel ein Kabinett bildet, bittet er – entgegen aller Tradition – um einen Posten, und seine Frau schreibt Peel heimlich noch einen zweiten Bittbrief. Aber Peel denkt nicht daran, dieses Subjekt, dessen ganze Existenz ihm so unsolide erscheint wie eine Varietésängerin, in sein ehrenhaftes Kabinett aufzunehmen. Er lehnt ab; er ahnt nicht, daß er damit sein politisches Todesurteil unterschrieben hat.

Disraeli verzweifelt nicht. Er geht in Opposition gegen seinen Parteiführer. Und das Schicksal bietet ihm eine Chance: zum Entsetzen seiner konservativen Parteigenossen tritt Peel nach schweren Gewissenskämpfen, seiner Überzeugung getreu, für den Freihandel ein. Sogleich erhebt sich Disraeli und überschüttet Peel mit einem Bündel sorgfältig vergifteter Angriffe und Verdächtigungen. Die Mehrzahl der Landlords folgt ihm, und die Regierung Peel wird gestürzt.

Jetzt verlangt Disraeli die Stellung des Parteiführers, aber der Landadel zögert. In diesem Augenblicke, in dem alles für ihn darauf ankommt, sich das Vertrauen seiner Parteigenossen zu erringen, brüskiert der völlig furchtlose Mensch die Lords durch einen mystischen Roman über die jüdischen Ursprünge des Christentums. Zum Glück lesen die Tories keine Romane, aber um niemanden über seine Absichten in Unkenntnis zu lassen, tritt er im Unterhaus entschieden für die Rechte der Juden ein. Die Konservativen mißtrauen ihm, aber sie können ihn nicht entbehren; nach einigen Jahren steht er an der Spitze der Partei.

Indes, die geborstene konservative Partei vermag dreißig Jahre hindurch keine Mehrheit zu erringen. Nur in kurzlebigen Minderheitsministerien wird Disraeli Schatzkanzler. Und trotz der Rente seiner Frau bleibt der Druck seiner Schulden. Aber das hindert ihn nicht, sich für 700000 Mark ein Schloß zu kaufen – das Geld leiht er von Freunden.

Er wird fünfzig, er wird sechzig, er nähert sich den Siebzig, und noch immer ist er nicht mehr als ein Parteiführer einer Minderheitspartei, in der eigenen Partei noch verhaßter als bei seinen Gegnern.

Aber er ist ungebrochen. Mehr noch: er wächst an seinen Widerständen. In einem Prozeß ungeheurer Selbsterziehung macht er aus einem nervösen, eitlen, manierierten und unausstehlichen Jüngling einen schweigsamen, sanften, weisen englischen Staatsmann. Und zum zweiten Male bietet ihm das Schicksal eine große Chance: ein Antrag des liberalen Ministers Gladstone auf Erweiterung des Wahlrechts wird von einem Teil der liberalen Partei abgelehnt. Disraeli stürzt die Regierung Gladstone und wird wieder Schatzkanzler. Aber wie soll er sich in einem Parlament halten, in dem die Liberalen die Mehrheit haben? Disraeli weiß Rat: auf kunstvollen Wegen setzt er mit beispiellosem Wagemut ein Wahlgesetz durch, das noch weiter geht als der Vorschlag Gladstones, und trotzt dem tobenden Haß seiner eigenen Partei. Der fromme Gladstone ist empört über den „diabolischen Kurs" seines Erzfeindes, aber Disraeli hat England einen unsterblichen Dienst erwiesen: er hat aus einer Gruppe von Landjunkern eine Partei des gemäßigten Fortschrittes gemacht und England eine Revolution erspart. Ein halbes Jahr später ist er Premierminister und gewinnt bald das volle Vertrauen, ja die Zuneigung der Königin. Und nach einer nochmaligen Pause von sechs Jahren steht er – jetzt Graf Beaconsfield – siebzigjährig zum ersten Mal an der Spitze einer Mehrheitsregierung. „Ein Triumph der Arbeit, des Mutes und der Geduld" sagen selbst seine Gegner. Volksmengen umjubeln ihn.

Sechs Jahre lang regiert er England, kraftvoll, erfolgreich, oft an dem Rande des Krieges. Gegen

Europa, gegen sein Land und gegen sein Kabinett setzt er seine rußlandfeindliche Politik durch, rettet die Türkei und wird der Vater des britischen Imperialismus. Alle Eitelkeit der Welt ist von ihm abgefallen, er verzichtet auf den Herzogstitel und auf die Gruft in der Westminsterabtei. Getragen von der Liebe seines Volkes sinkt er ins Grab, und an seiner Bahre feiern selbst seine erbittertsten Feinde diese Laufbahn, in der ein beispielloser Mut die unbezwinglichsten Hindernisse überwunden habe.

II

BETRACHTUNG

Zahlreicher sind die Dinge, welche uns schrekken, als die, welche uns drücken, und öfters leiden wir in der Einbildung als in der Wirklichkeit.
Seneka

1

Wenn wir mit einem Freunde, der völlig an der Welt verzweifelt, über die Ursachen seines Kummers sprechen, dann machen wir immer wieder die seltsame Feststellung: die Menschen werden mit dem gegenwärtigen Leide leichter fertig als mit dem künftigen. Das gegenwärtige Leid nimmt man, wenn es sich nicht um quälende Körperschmerzen oder harte Entbehrungen handelt, binnen kurzem als gegeben hin; man verdaut es gleichsam allmählich und paßt seine Ansprüche der neuen Lage an. In wirkliche Verzweiflung gerät der Mensch nur über die Leiden, die er von der Zukunft erwartet. Erst wenn der Horizont der Zukunft von einer Wolkenwand verdüstert ist, erscheint ihm auch die Gegenwart unerträglich. Denn Ausmaß und Dauer künftiger Leiden ist gar nicht abzuschätzen; die Phantasie der Furcht vergrößert sie ins Ungeheure.

Unglück, so nimm doch Gestalt an, nur das Formlose drücket und ängstet
Hat sich der Feind erst gestellt, halb ist gewonnen die Schlacht.
(Grillparzer)

Ja, Schopenhauer hat schlechthin behauptet: „Die Erfahrung lehrt, daß, wenn ein großes Unglück, bei dessen bloßen Gedanken wir schauerten, nun wirklich eingetreten ist, unsere Stimmung, sobald wir den ersten Schmerz überwunden haben, im ganzen ziemlich unverändert dasteht", ein Satz, den jeder Furchtsame bestreiten und jeder Aufrichtige bestätigen wird.

Man kann daher geradezu sagen: nicht die Unbilden der Wirklichkeit sind die Hauptquelle menschlichen Leidens, sondern die falsche Einschätzung der Zukunft. Shakespeares lakonischer Vers: „Der Feige stirbt weit mehr als einen Tod" ist einer der wichtigsten Sätze der Lebensweisheit.

2

Mut ist im Leben eine der entscheidenden Eigenschaften. Gepaart mit Klugheit ist er fast unüberwindlich. Mut erspart nicht nur die Fülle imaginärer Leiden, welche die falsche Einschätzung der Zukunft über uns ausschüttet, sondern er verdoppelt die Stärke der Kämpfenden und entzieht dem Gegner die Hälfte seiner Kräfte, mag es sich nun um Krieg, Sport, Verhandlung, geschäftlichen Wettbewerb oder Liebeswerben handeln. Große Leistungen gelingen fast nur dem Mutigen. Denn in jedem Kampf kommen Augenblicke, in denen der Ausgang ungewiß, ja, in denen die Sache verloren scheint. In solchen Augenblicken wird der Furchtsame den Kampf aufgeben, einen Mittelweg suchen oder mit so geschwächter Kraft weiterziehen, daß ihm der Gegner bald die

Waffen aus der Hand schlägt. „Was aus Furcht geschieht, trägt auch das Gepräge davon", sagt Friedrich der Große im Antimachiavell. Daß die Furcht vielfach erst die Gefahren herbeiruft, vor denen sie zittert, ist uralte Erfahrung. „Zuviel Furcht zerbricht das Glas." Der Mutige handelt ruhiger und daher richtiger, ja, der Mut macht geradezu immun gegen körperliche Ansteckung. „Die Pestkranken hat Napoleon wirklich besucht", erzählt Goethe, „und zwar um ein Beispiel zu geben, daß man die Pest wirklich überwinden könne, wenn man die Furcht zu überwinden fähig sei. Und er hat recht! Ich kann aus meinem eigenen Leben ein Faktum erzählen, wo ich bei einem Faulfieber der Ansteckung unvermeidlich ausgesetzt war und wo ich bloß durch einen entschiedenen Willen die Krankheit von mir abwehrte. Es ist unglaublich, was in solchen Fällen der bloße moralische Wille vermag! Er durchdringt gleichsam den Körper und setzt ihn in einen aktiven Zustand, der alle schädlichen Einflüsse zurückschlägt. Die Furcht dagegen ist ein Zustand träger Schwäche und Empfänglichkeit, wo es jedem Feinde leicht wird, von uns Besitz zu nehmen. Das kannte Napoleon zu gut und er wußte, daß er nichts wagte, seiner Armee ein imposantes Beispiel zu geben."

3

Ist Mut lehrbar? Die Frage ist nicht leicht zu beantworten. Mut ist in der Regel eine angeborene Eigenschaft des Gemütes, die Fähigkeit, das innere Gleichgewicht, den regelmäßigen Ablauf der geistigen und seelischen Funktionen auch dann zu bewahren, wenn der Horizont schwarz von drohenden Übeln ist. Mut beruht nicht einfach darauf, daß man die Gefahr übersieht, gering schätzt oder in Kauf nimmt. Er ist so zwangsläufig und selbstverständlich wie ein schnelles Auffassungsvermögen oder ein scharfes Auge. Er braucht nicht zur Unvorsichtigkeit führen. Auch der Mutige kann Vorsichtsmaßnahmen treffen oder Rückzugsstraßen bereithalten. Entscheidend ist, ob der Herzschlag im Angesicht der Gefahr schneller wird oder nicht. Mutige Menschen sind stets in jener Stimmung, in welche viele Menschen nach mäßigem Alkoholgenuß gelangen: die Gefahren erscheinen ihnen kleiner, die Hemmungen geringer und die Entschlußkraft ist größer; sie befinden sich gleichsam ein Stockwerk höher.

Mut dieser Art, den man Herzhaftigkeit nennen könnte, ist unlernbar. Erlernbar ist zunächst nur etwas andres, nämlich „Haltung", d. h. die Fähigkeit, sich nach außen den Anschein des Mutes zu geben. Haltung läßt sich erarbeiten. Die Erziehung zur Haltung besteht in Belehrung und Abhärtung.

4

Der Furchtsame sieht immer Gespenster. Um ihn zu heilen, muß man ihm eine Reihe von Erfahrungstatsachen einprägen. Erstens brechen sehr viele mit Zittern erwartete Ereignisse nie über uns herein. Zweitens pflegen alle Schicksalsschläge, wenn sie wirklich eintreten, anders auszusehen als vorher unter dem Vergrößerungsglas der Furcht. Drittens ist jede innere Vorwegnahme kommender Leiden eine Verzehnfachung der Leiden; it is no use meeting trouble halfway.

Aber ein furchtzerfressener Mensch wird diese Einsichten zwar zugeben, aber nicht assimilieren. Auch Beispiele können nur schwer die Kruste der Sorgen durchstoßen. Man muß daher andre Kräfte zur Hilfe holen. Zunächst kann man gegen den Sicherungstrieb den Geltungstrieb aufrufen. Jeder Feldsoldat weiß, welche ungeheure Rolle im Kriege die Blicke der andern gespielt haben.

Aber eine wirkliche Heilung vor der Furcht ist nur möglich durch die Einsicht in die tieferen Zusammenhänge der Welt. Denn offenbar hängt der Mut eines Menschen weitgehend davon ab, wie er die einzelnen Güter der Welt bewertet. Je mehr der Mensch an den Gütern hängt, welche leicht verlorengehen können – also an Wohlstand, Ansehen, Laufbahn, ja womöglich am Urteil jedes Mitmenschen und schließlich am Leben selbst – desto furchtsamer wird er sein. Wer dagegen den Tod nicht fürchtet: was soll er fürchten? Je mehr ein Mensch seelisch „autark" ist, je mehr er in sich selber ruht, desto mutiger kann er gegenüber den Gefahren dieser Welt sein. Dieser Mut, der die Gefahr klar sieht, aber verachtet, ist etwas ganz anderes als die angeborene Herzhaftigkeit des „Mannes ohne Nerven" und auch als die mühsam erkämpfte „Haltung", die vielleicht das Zittern der Hände, aber nicht das schnellere Klopfen des Herzens zu vermeiden weiß. Dieser gleichsam philosophische Mut hängt ab von der Werthierarchie jedes einzelnen, von der Rangordnung der Werte in seinem Innern.

5

Die Einsicht in die wahre Rangordnung der Werte ist nicht leicht zu erwerben. Schwerlich wird jemand in dem Kampfe gegen die Furcht obsiegen, der sich nicht eines alten Goetheschen Ratschlages bedient. In der idealen Gemeinschaft, die Goethe in den Wanderjahren entwirft, gilt die wunderliche Vor-

schrift, daß ihre Mitglieder nie von Vergangenheit oder Zukunft, sondern nur von der augenblicklichen Gegenwart sprechen dürfen. Nach diesem Grundgedanken hat Goethe gelebt. Ob er nun Rekruten ausheben oder eine vermoderte Bibliothek neu ordnen mußte: der jeweiligen Gegenwart gab er sich völlig hin. „Alle klugen Menschen kommen darauf, daß der Moment alles ist und daß der Vorzug eines vernünftigen Menschen darin besteht, sich so zu betragen, daß sein Leben, insofern es von ihm abhängt, die möglichsten Maße vernünftiger glücklicher Momente enthalte" (Goethe).

Die meisten Menschen opfern täglich das Heute dem Übermorgen. Sie begnügen sich nicht damit, die Aufgaben zu überdenken und zu lösen, die ihnen jetzt gestellt sind, sondern sie ziehen mit ängstlichen Gedanken die ganze Last kommender Zeiten auf sich herab. Obwohl wir nie den zweiten Schritt tun können, ehe wir den ersten getan haben, erwägen sie stets schon den fünfzigsten, den hundertsten und den tausendsten: sie ergreifen das Kommende nicht, sie werden von ihm ergriffen. Aber zu den Grundweisheiten des Lebens gehört der Satz Johannes Müllers: „Tun, was vorliegt, und warten, was wird."

Sehr viele haben zur Vergangenheit, Gegenwart und Zukunft eine seltsame Stellung: die Vergangenheit verklären sie – „das waren noch Zeiten ..." – an der Zukunft verzweifeln sie, weil sie sie schwarz in schwarz ausmalen, und die Gegenwart versäumen sie, indem sie sich mit Erinnerungen und Befürchtungen ihren Genuß versperren. Aber die Gegenwart ist das einzig Wirkliche; wer sie nicht ergreift, gelangt nie zum Leben. Darum sollen wir jede erträgliche Stunde bewußt genießen, ohne sie von künftigen Wolken verfinstern zu lassen, und sollen ihren Wert nicht erst dann schätzen, wenn sie in das verklärte Reich der Vergangenheit hinabgewandelt ist.

6

Freilich der Kampf gegen die Furcht muß nicht nur gelehrt, sondern auch geübt werden. „Kein Ringkämpfer kann großen Mut zum Kampfe mitbringen", sagt Seneka, „der noch niemals braun und blau geschlagen worden ist. Der aber, der sein Blut schon fließen sah, dessen Zähne krachten unter Faustschlägen, der niedergerungen die ganze Last seines Gegners auf seinem Leibe trug und zu Boden geschleudert den Mut nicht verlor, der, sooft er fiel, trotziger wieder aufstand, der schreitet mit großer Hoffnung zum Kampfe hinab!"

Aber kann die „Haltung", kann ein auf Grundsätzen beruhender Mut die angeborene Herzhaftigkeit ersetzen? Wird Haltung wirklich die Einfälle und die Widerstandskraft haben, die der Mut gehabt hätte? Bleibt sie nicht ein bloßes Surrogat?

Indes hier gilt die Lehre der Stoa: wer die Äußerungen seiner Gefühle zu beherrschen gelernt hat, der wird auch die Gefühle selbst beherrschen lernen. Namentlich wenn die Haltung nicht auf einem bloßen „sich einen Ruck geben" beruht, sondern auf der Einsicht in die richtige Rangordnung der Werte, wird sie allmählich nicht nur von dem Zittern der Hände, sondern auch von der Beschleunigung des Herzschlags befreien.

7

Auch für die Fragen von Mut und Furcht gibt es einige Hausmittel. Mit der Zukunft sollen wir uns nur im hellen Morgenlichte beschäftigen. Wir sollen also nie in schlaflosen Stunden unserer Phantasie gestatten, sich etwas Zukünftiges auszumalen, denn die Dunkelheit macht aus jedem Handtuch ein Gespenst.

Wer zu Sorgen neigt, sollte sich ein Sorgenregister anlegen. Wenn er es nach einem halben Jahr wieder durchsieht, wird er sehen, wie viele unnötige Sorgen er sich gemacht hat.

Vor allem aber müssen wir einen Menschen in unserer Familie oder in unserem Freundeskreis haben, dem wir alle Sorgen ungehemmt erzählen können, nicht um uns Trost zu borgen, sondern weil das Düstre, Unbestimmte, Drückende jeder Sorge zerfällt, wenn wir es einem lebendigen, natürlichen Menschen offen vortragen.

Schließlich gibt es noch ein Mittel, mit dem der Mensch sich Mut, ja Verwegenheit verschaffen kann. Über dies Mittel hat Bismarck einmal an den König geschrieben: „Eure Majestät müssen durchaus darauf halten, daß allerhöchst Ihre Minister mehr Sekt trinken. Ohne eine halbe Flasche im Leibe dürfte mir keiner in das Konseil kommen. Dann würde unsre Politik bald eine achtbare Farbe annehmen."

Der Alkohol ist in der Tat eine legitime Waffe im Kampfe gegen die Sorgen, aber es bedarf einer sichren Hand, um sie ohne Schaden zu benutzen.

Trunken müssen wir alle sein.
Jugend ist Trunkenheit ohne Wein,
Trinkt sich das Alter wieder zu Jugend,
So ist es wundervolle Tugend.
Für Sorgen sorgt das liebe Leben
Und Sorgenbrecher sind die Reben.

Goethe

III

EIDESHELFER

Feiger Gedanken
Bängliches Schwanken,
Weibisches Zagen,
Ängstliches Klagen
Wendet kein Elend,
Macht dich nicht frei.

Allen Gewalten
Zum Trutz sich erhalten,
Nimmer sich beugen,
Kräftig sich zeigen,
Rufet die Arme
Der Götter herbei. *Goethe*

Die Welt ist nicht aus Brei und Mus geschaffen,
Deswegen haltet Euch nicht wie Schlaraffen.
Harte Bissen gibt es zu kauen:
Wir müssen erwürgen oder sie verdauen.

Goethe

„Bist Du denn nicht auch zugrunde gerichtet?
Von Deinen Hoffnungen trifft nichts ein!"
„Die Hoffnung ist's, die sinnet und dichtet,
Und da kann ich noch immer lustig sein."

Goethe

Zu dieser Welt, wo „die Würfel eisern fallen", gehört ein eiserner Sinn, gepanzert gegen das Schicksal und gewaffnet gegen die Menschen. Denn das ganze Leben ist ein Kampf, jeder Schritt wird uns streitig gemacht, und Voltaire sagt mit Recht: on ne réussit dans ce monde, qu'à la pointe de l'épée, et on meurt les armes à la main. Daher ist eine feige Seele, die, sobald Wolken sich zusammenziehn oder wohl gar nur am Horizont sich zeigen, zusammenschrumpft, verzagen will und jammert... Solange der Ausgang einer gefährlichen Sache nur noch zweifelhaft ist, solange nur noch die Möglichkeit, daß er ein glücklicher werde, vorhanden ist, darf an kein Zagen gedacht werden, sondern bloß an Widerstand; wie man am Wetter nicht verzweifeln darf, solange noch ein blauer Fleck am Himmel ist.

Schopenhauer

Im Frühling als der Märzwind ging,
Als jeder Zweig voll Knospen hing,
Da fragten sie mit Zagen:
Was wird der Sommer sagen?

Und als das Korn in Fülle stand,
In lauter Sonne briet das Land:
Da seufzten sie und schwiegen:
Bald wird der Herbstwind fliegen.

Der Herbstwind blies die Bäume an
Und ließ auch nicht ein Blatt daran.
Sie sahn sich an: Dahinter
kommt nun der böse Winter.

Das war nicht eben falsch gedacht,
Der Winter kam auch über Nacht.
Die armen, armen Leute,
Was sorgen sie nur heute?

Sie sitzen hinterm Ofen still
Und warten, ob's nicht tauen will,
Und bangen sich und sorgen
Um morgen.

Gustav Falke

Laß nur die Sorge sein,
Das gibt sich alles schon.
Und fällt der Himmel ein,
Kommt doch eine Lerche davon. *Goethe*

Daß mein Sohn George kein Held ist, ist mir ziemlich gleichgültig. Jener natürliche originale Mut, der nicht das Produkt noblerer Eigenschaften ist, gilt mir herzlich wenig. Ja, so gern ich die Reinheit seines Vorkommens in Einzelfällen zugebe, im allgemeinen halte ich ihn für eine bedenkliche, wenig wünschenswerte Eigenschaft. Roheit liegt in der Regel nah. Der Mut, den wir einzig und allein brauchen können, ist das Resultat der Liebe, der Pflicht, des Rechtsgefühls, der Begeisterung und der Ehre. Er ist nicht angeboren, sondern er wird, er wächst.

Fontane

Willst du dir ein hübsch Leben zimmern,
Mußt ums Vergangne dich nicht bekümmern,
Und wäre dir auch was verloren.
Mußt immer tun wie neugeboren;
Was jeder Tag will, sollst du fragen,
Was jeder Tag will, wird er sagen;
Mußt dich an eignem Tun ergötzen,
Was andre tun, das wirst du schätzen;
Besonders keinen Menschen hassen,
Und das übrige Gott überlassen.

Goethe

VIERTES KAPITEL

HUMOR

Man spricht von Humor jetzt oft und viel
Und denkt dabei nur an ein leeres Spiel.
Mancher kursiert als Humorist,
Der nichts weiter als Spaßmacher ist,
Nichts ahnt von dem inneren Widerspruch,
Von dem Zickzack, dem tiefen Bruch,
Der durch das ganze Weltall dringt,
Daß man immer fürchtet: es zerspringt,
Während die also geborstne Welt
Doch immer noch steht und zusammenhält.

Vischer

I

BEISPIEL

Meine Situation hier würden einige als eine verzweifelte ansehn; ich behandle diese Dinge aber wie unser Sohn George. Als er zur ersten Kompagnie kam, schrieb er, „er habe nun einen Vorteil, der Musik am nächsten zu marschieren", eine Version, die er, als er einige Wochen später zur vierten und letzten Kompagnie kam, dahin abänderte, „er habe nun den Vorteil, die Musik des unmittelbar folgenden Bataillons zu hören". Er hat ganz recht; es kommt immer nur darauf an, daß, wie und wo man auch marschiert, man allerorten die Musik des Lebens hört. Die meisten hören nur die Dissonanzen. Fontane

In dem Jahr 1819, in dem Schopenhauers Welt als Wille und Vorstellung erschien, wurde zum Ausgleich Theodor Fontane geboren. Er erlernt den Apothekerberuf des Vaters, aber schon mit dreißig Jahren gibt er ihn auf und wird Schriftsteller. Zum Glück ahnt er nicht, was ihm bevorsteht: in den nächsten fünfundzwanzig Jahren wird er kein Buch schreiben, das irgendeinen Erfolg hat, wird er nirgends festen Boden unter die Füße bekommen. Kläglich lebt er von Zeitungsartikeln und Stundengeben, bekommt eine kleine Staatsstellung, heiratet und wird nach sechs Monaten wegen Auflösung der Dienststelle wieder entlassen. Der Vater verkracht, die Eltern trennen sich, das erste Kind wird geboren, seine Frau Emilie – ganz auf Sicherheit und Wohlstand angelegt, obendrein eine kritische Natur –

erweist sich als schwierig. Unverdrossen versucht der junge Ehemann seine Lebenskunst zu lehren: „... vor allem: verdirb es nicht mit den Menschen. Es ist sehr wahrscheinlich, daß wir in unsere alte Stellung zurückkehren und wir werden alsdann nötig haben, uns noch mehr in die Welt zu schicken, als wir schon immer getan haben. Wir müssen innerlich ein wenig an uns arbeiten und suchen, milder in unserm Urteil, anspruchsloser in unseren Forderungen zu werden. Wir müssen anfangen, die Leute zu nehmen, wie sie sind, und zur Erleichterung dieser Arbeit immer eingedenk sein, daß es in Nord und Süd, West und Ost immer wieder die alte Geschichte ist, und daß wir selber die Fehler teilen, die wir an anderen rügen und verdammen. Natürlich meine ... ich mit dem Vorstehenden nicht, daß wir anfangen sollen zu jedem Lumpenhund oder unerträglichen Gesellen ‚Herr Bruder' zu sagen, aber bemüht wollen wir sein, in dem Kreis derer, die teils nach Wahl, teils aus Zufall unseren Umgang bilden, unsere Tadelsucht und unsere Zunge soviel wie möglich im Zaume zu halten. Also lassen wir Fliegebänder Fliegebänder und widerspruchsvolles Gefasele Gefasele sein. Nehmen wir die Elle, mit der wir messen, hinfort etwas kürzer und trösten wir uns bei aller Langweiligkeit, die gelegentlich daraus erwachsen muß, mit der Überzeugung, daß wir nur tragen, was Millionen mit uns tragen, und daß es nichts als Eitelkeit ist, für sich immer das Besondere in Anspruch nehmen zu wollen. Ich weiß wohl, daß ich selbst gegen die vorstehende Weisheit sehr oft verstoßen werde, aber es ist doch schon was, wenn man eine Richtschnur für sein Handeln hat und den guten Willen, sich danach zu richten."

Zwei Kinder sterben bald nach der Geburt, er lebt von kleinen Honoraren und Freundesdarlehen, seine Schwiegermutter schimpft über die „Jammerpartie", die ihre Tochter gemacht habe, er will wieder Apotheker werden, hat aber kein Geld dazu und schreibt seiner Frau:

Nicht Glückes bar sind deine Lenze,
Du forderst nur des Glücks zu viel;
Gib deinem Wunsche Maß und Grenze,
Und dir entgegen kommt das Ziel.

Wie dumpfes Unkraut laß vermodern,
Was in dir noch des Glaubens ist:
Du hättest doppelt einzufodern
Des Lebens Glück, weil du es bist.

Das Glück, kein Reiter wird's erjagen,
Es ist nicht dort, es ist nicht hier;
Lern überwinden, lern entsagen,
Und ungeahnt erblüht es dir.

Und an seinen vierjährigen Sohn George schreibt er: „Du bist ein wackrer Junge und läßt Dich in Deinen Ansichten von der Schönheit dieser Welt, die einige an Verstopfung leidende Menschen eine Welt der Mängel nennen, nicht so ohne weiteres erschüttern. Du schreibst mir, daß Du alles ‚ausgezeichnet' nennst und selbst bei mäßig gesüßtem Kaffee ausrufst: ‚Der reine Zucker!' Sieh, das lieb' ich. Ein junges, frisches Gemüt muß alle Dinge, und wenn es der härteste Kloß wäre, ‚ausgezeichnet' finden, und der bittre Bodensatz, den die Weltweisen mit ihren Grübeleien und ihrer kritischen Krücke aufrühren, muß für ihn nicht da sein; alles, der reine Zucker'. Halte Dich auf diesem Wege, und wenn Du auch nicht Landrat wirst, so wirst Du doch vielleicht mehr werden, nämlich - glücklich. In dieser Beziehung kannst Du Dir Deinen endesunterzeichneten Papa zum Muster nehmen, wiewohl ich Dir in andren Beziehungen lieber andre Vorbilder anempfehlen möchte."

Der Brief ist aus London; hier ist er Presseattaché an der preußischen Gesandtschaft geworden. Es geht ihm wirtschaftlich besser, er läßt die Familie nachkommen, aber schon nach vier Jahren bricht bei einem Kabinettswechsel auch diese Existenz zusammen.

Jetzt wird er Redakteur bei der Kreuzzeitung. Aber zehn Jahre später wirft er den Posten hin, weil ihm seine Freiheit lieber ist, und schreibt an Emilie: „Du mußt Dich mit zwei Gedanken ernstlich auszusöhnen trachten, damit nämlich, daß wir erstens ein armes und zweitens ein unsicheres Leben zu führen haben werden, wie wir es bis jetzt geführt haben. Das klingt nun freilich wenig verlockend, selbst die arme Existenz soll auch noch eine unsichre sein; aber wenn man sich zum Leben richtig zu stellen weiß, wenn man Mut, Freudigkeit und Gottvertrauen hat, so darf ich wohl sagen: der Satz klingt trauriger als er ist. Im großen und ganzen leben wir nach diesem Rezept zwanzig Jahre und trotz Armut und Unsicherheit, welch bevorzugtes Leben haben wir geführt."

1870 wird er Kriegsberichter, gerät in Gefangenschaft und wird beinahe als Spion erschossen. Wieder freigelassen, schreibt er drei riesige Wälzer über die drei Kriege, die kein Mensch liest.

Da verschaffen ihm Freunde eine angenehme Beamtenstellung als Sekretär der Akademie der Künste. Aber schon nach drei Monaten kündigt Fontane: er will frei sein und endgültig von und für seine Schriftstellerei leben. Auf Emiliens tobende Proteste antwortet er: „Wenn Du Dich doch nicht in der Vorstellung verblenden wolltest, daß Du eine arme, zurückgesetzte Kreuzträgerin wärest. Es ist alles bittre Torheit; Du bist eine durch Deinen Mann, Deine Kinder, Deinen Lebensgang und Deine Lebensstellung unendlich bevorzugte Frau. Es gibt wenige, die es so gut getroffen haben. Daß Du das Glück nach der Zahl der Goldrollen bemessen solltest, für so inferior halte ich Dich nicht, habe auch keine Ursache dazu. Erhält mich Gott gesund, so werde ich bald wieder fest im Sattel sein. Aber auch selbst Entbehrungen, wenn sie meiner harren sollten, sind mir nicht so schrecklich wie äußere und innere Unfreiheit. Sich angehören, ist der einzig begehrenswerte Lebensluxus. Die moderne Menschheit ist so herunter, daß sie ein Plüschameublement vorzieht. Ich habe mit solchen Jammerprinzen nichts zu schaffen." Und an eine Freundin: „Immer die unsinnige Vorstellung, daß das Mitwirtschaften in der großen, langweiligen und, soweit ich sie kennengelernt habe, total konfusen Maschinerie, die sich Staat nennt, eine ungeheure Ehre sei. Das ‚Frühlingslied' von Uhland oder eine Strophe von Paul

Gerhard ist mehr wert als dreitausend Ministerialreskripte. Nur die ungeheure Eitelkeit der Menschen, der kindliche Hang nach Glanz und falscher Ehre, das brennende Verlangen, den alten Wrangel einladen zu dürfen, oder eine Frau zu haben, die Brüsseler Spitzen an der Nachtjacke trägt; nur die ganze Summe dieser Miserabilitäten verschließt die modernen Herzen gegen die einfachsten Wahrheiten und macht sie gleichgültig gegen das, was allein ein echtes Glück verleiht: Friede und Freiheit."

Der große Entschluß bringt den großen Umschwung. Jetzt beginnt der Sechzigjährige seinen ersten Roman zu schreiben und in den nächsten achtzehn Jahren wird es ein reichliches Dutzend, einer immer besser als der andre. Geld bringen sie wenig, aber Ansehen, den Schillerpreis und den Ehrendoktor. Seine Lebensphilosophie ist die gleiche geblieben. Seinem zweiten Sohn – der erste ist als junger Hauptmann gestorben – schreibt er: „Mit herzlicher Freude lese ich Deine Briefe, die nicht nur von Glück sprechen – das will nicht viel sagen, jeder ist mal glücklich – nein, die mir in jedem Wort auch zeigen, daß Du Dich auf Glück auch verstehst. Und das ist die Hauptsache. Denn wenn ich auch nicht ganz bestreiten will, daß es Pechvögel gibt, so gilt doch vom Glück im ganzen dasselbe wie vom Geld: es liegt auf der Straße, und der hat's, der's zu finden und aufzuheben versteht. Du hast, wenn mich nicht alles täuscht, von Deinem Alten die Fähigkeit geerbt, Dich in zehn Stunden (um nicht zu sagen Minuten) an zehn Dingen freuen zu können, und wer die Fähigkeit hat, der ist ‚schöne 'raus'. Ist sie wirklich ein Erbe von mir, so kannst Du's auf wenigstens fünfzigtausend Mark schätzen, was mir ein Selbstgefühl und eine Beruhigung gibt."

Und an dem siebzigsten Weihnachtsfest seines Lebens notiert er sich heiter-schwermütig:

Noch einmal ein Weihnachtsfest.
Immer kleiner wird der Rest,
Aber nehm ich so die Summe,
Alles Grade, alles Krumme,
Alles Flache, alles Rechte,
Alles Gute, alles Schlechte –
Rechnet sich aus all dem Braus
Doch ein richtig „Leben" raus.
Und dies können ist das Beste
Wohl bei diesem Weihnachtsfeste.

II

BETRACHTUNG

Wer fröhlich ist, hat allemal Ursache es zu sein, nämlich eben diese, daß er es ist. Nichts kann so sehr, wie diese Eigenschaft, jedes andere Gut vollkommen ersetzen, während sie selbst durch nichts zu ersetzen ist. Einer sei jung, schön, reich und geehrt, so fragt sich, wenn man sein Glück beurteilen will, ob er dabei heiter sei. Ist er hingegen heiter, so ist es einerlei, ob er jung oder alt, gerade oder bucklig, arm oder reich sei: er ist glücklich. *Schopenhauer*

1

Der Berliner Zoologe Heck erzählt in seinen Erinnerungen, wie er einmal in Gehrock und Zylinder zu einer Beerdigung gegangen sei. Bei dem Versuch, auf eine fahrende Elektrische aufzuspringen, rutscht er aus, der steife Hut fällt ihm vom Kopfe und er selbst setzt sich – als wenn er es abgepaßt hätte – mitten auf der Straße genau senkrecht auf seinen Zylinder. Da ruft ihm ein vorbeifahrender Droschkenkutscher kopfschüttelnd zu: „Männeken, Männeken, wat soll det! Det sind doch brotlose Kinste."

Der Vorfall enthält alle Elemente des Komischen. Als komisch empfinden wir es nämlich, wenn ein Ereignis zwei ganz gegensätzliche Dinge überraschend zusammenbringt und wenn ein Teil des Zusammenhangs nicht ausgesprochen, sondern nur angedeutet wird. Der Gegensatz besteht hier zwischen dem außerordentlichen Mißgeschick Hecks und der grotesken

Idee des Droschkenkutschers, daß er dies Kunststück absichtlich zustande gebracht habe, wobei der Kutscher dies nicht ausspricht, sondern nur andeutet.

Ein Mensch, der bei dem Gegensatze, der so oft zwischen Wollen und Vollbringen klafft, nicht nur Ärger empfindet, der bei den Mißgeschicken des Weltlaufs. und besonders bei denen, die ihm selbst zustoßen, auch die heitre Seite zu sehen vermag, von dem sagen wir: er hat Humor.

Der Humor ist der edlere Bruder des Witzes. Vor dem Witz hat er die Liebe voraus. Wenn der Witz sich begnügt, die Unzulänglichkeit des Daseins bloßzulegen, indem er die komischen Vorgänge in spielerischer Betrachtung aus dem Leben herausschneidet, ordnet der Humor sie in den Rahmen des Weltganzen ein und hilft uns über sie hinweg. Er spürt die Vielgestaltigkeit des Irdischen, er läßt sie gelten und befreit sich von dem Druck des Weltlaufs, indem er seinen gelassenen Blick zu dem Ewigen hinüberschweifen läßt.

2

Humor ist eine der stärksten Waffen im Lebenskampfe. Freilich: er gehört nicht zu den Dingen, auf die man Rezepte ausstellen könnte; man kann sie bei keinem Apotheker abholen, auch nicht bei Fontane. Wer ganz ohne Humor – das heißt dem Wortsinn nach ganz ohne Feuchtigkeit, ganz ohne Saft und daher völlig ungenießbar – ist, dem kann man zu dieser Gottesgabe nicht verhelfen. Humor kann man nur beschreiben, nicht lehren. Wer Anlage zum Humor hat, kann sie vielleicht pflegen.

Viele glauben, zu den Pflichten eines guten Hausvaters gehöre ein tierischer Ernst. Aber kein anderer als der Erzvater des Pessimismus, Schopenhauer, hat den Ratschlag gegeben: „Wir sollen der Heiterkeit, wann immer sie sich einstellt, Tür und Tor öffnen, denn sie kommt nie zur unrechten Zeit, statt daß wir oft Bedenken tragen, ihr Eingang zu gestatten, indem wir erst wissen wollen, ob wir denn auch in jeder Hinsicht Ursach haben, zufrieden zu sein, oder auch weil wir fürchten, in unsern ernsthaften Überlegungen und wichtigen Sorgen dadurch gestört zu werden: allein, was wir durch diese bessern, ist sehr ungewiß, hingegen ist Heiterkeit unmittelbar Gewinn. Sie allein ist gleichsam die bare Münze des Glücks und nicht wie alles andre bloß der Bankzettel, weil nur sie unmittelbar in der Gegenwart beglückt."

Um heiter zu sein, muß man die Dinge mit einigem Abstand betrachten können. Menschen, die ganz in den Dingen drinstecken, die reinen Tatmenschen, haben selten Humor; die Napoleone aller Spielarten pflegen völlig humorlos zu sein. Die Weltblindheit, die die Voraussetzung rücksichtslosen Handelns ist, macht zur heiteren Betrachtung des Weltlaufs untauglich. Auch das ist ein Preis, der gezahlt werden muß. Das Weltbild des Handelnden ist egozentrisch, wer dagegen Humor hat, nimmt sich selbst nicht zu wichtig; ihm versperrt der Blick auf das eigne Ich nicht den Blick auf die Welt:

Ich liebe mir den heitern Mann
Am meisten unter meinen Gästen:
Wer sich nicht selbst zum besten haben kann,
Der ist gewiß nicht von den Besten. Goethe

Wer so von der Drehe um das eigne Ich losgekommen ist, der hat auch Nachsicht mit seinen Mitmenschen, jene Nachsicht, über die Fontane einmal an seine Mutter schreibt: „Wenn Emilie das eine oder andere mißfiel, so hatte sie in der Regel guten Grund dazu; die Sache ist nur die – mit dem bloßen Rechthaben ist gar nichts gewonnen –, man muß auch heiter und liebenswürdig bleiben können, wenn der Mensch, mit dem man zusammenlebt, allerhand Dummes und Fehlerhaftes tut. Man muß es durchaus verstehen, fünf gerade sein zu lassen. Diese Nachsicht, diese heitre Milde, diesen guten Humor hat Emilie aber nicht.“

Aber die wirklichen Fundamente des Humors liegen noch tiefer. Er ruht auf der unbewußten Erkenntnis, daß die Welt voller unlöslicher Spannungen steckt und daß gerade die Unausweichlichkeit der großen Gegensätze uns davon abhalten muß, immer von neuem zu verzweifeln. Die Stöße, die uns das Schicksal erteilt, sind kein Spiel des Zufalls und kein Ergebnis willkürlicher Menschenbosheit, vielmehr liegen sie in der Konstruktion der Welt. Sunt lacrimae rerum. Grade das macht das Leid erträglich, wie wir ja auch Elementarereignisse mit mehr Fassung zu tragen pflegen als zufälligen Ärger. Gemessen an den Wünschen der Menschen ist die Welt notwendig unzulänglich, und wer sich mit dieser grundsätzlichen Unzulänglichkeit ein für allemal abgefunden hat, kann ihre einzelnen Erscheinungen erheiternd finden. Ob ein Mensch bei den Mißgeschikken, die ihm selbst zustoßen, auch die heitren Seiten zu sehen vermag, das entscheidet zum guten Teil über seine Lebenskunst und über seinen innern Rang.

III

EIDESHELFER

Was ist Lebensfreude? Es sind Schwingungen der Lebensbewegung in uns, der Lebenskraft und des Lebensdranges, die uns durchdringen und unser Bewußtsein wie eine Lichtflut erfüllen.... Die Freude, die aus den Rinnsalen erfreulicher Anlässe zusammenfließt, ist keine Lebensfreude und versiegt bald, wenn der Zufluß aufhört, Nur die Lust, die unerschöpflich aus unsrer inneren Lebensbewegung quillt, hört nie auf.

Die echte Lebensfreude hat keinen Grund und Anlaß. Denn sie ist die Wärme, die unser Wesen, das Licht, das unser Leben, der Duft, den unser Selbst ausströmt. Sie hängt an sich nicht von unseren Verhältnissen und Erlebnissen ab, so sehr sie dadurch gesteigert und gehemmt werden kann. Im Grunde ist sie überlegen über alles, was uns passiert. Denn sie entspringt aus unserm Wesen und seiner Lebenstätigkeit. Sobald das gesund ist und in Ordnung, ist sie da. Und je stärker das Leben, je kräftiger das Wesen, um so mächtiger wird die Lebensfreude in uns walten.

Jede Steigerung des Lebens erhöht die Lebensfreude, jede Schwächung dämpft sie. Darum werden alle Lagen und Erlebnisse, welche die innere Spannung und Lebenskraft erhöhen, die Empfindungsfähigkeit steigern und die Lebensvollmacht fördern, die Lebensfreude auslösen und aufflammen lassen, während alles, was uns zersplittert, verflacht, entnervt, abspannt und innerlich schwächt, sie dämpft und erstickt. Das sind aber nicht auf der einen Seite die angenehmen und auf der anderen die unangenehmen Verhältnisse und Erlebnisse. Im Gegenteil. Die guten Tage und die glänzenden Verhältnisse können die Lebensfreude auslöschen, wenn sie das innere Leben ruinieren, und die dunkeln Stunden und schweren Erlebnisse können die Lebensfreude entzünden oder zu gewaltiger Glut entfachen, wenn sie das Leben wecken oder mächtig steigern.

Furchtbare Schicksalschläge und übermächtige Aufgaben drängen die Lebensfreude nur scheinbar zurück, wenn sie vorhanden ist. Sie verschwindet nicht, wenn wir sie auch auf eine Zeit lang nicht bewußt spüren, sondern nur eine fast schmerzhafte Spannung aller unsrer Kräfte und Lebensgeister empfinden. Sobald aber unser innerer Mensch den Druck durch Gegendruck überwindet, und das Selbst die Oberhand gewinnt, ist auch die Lebensfreude wieder da und breitet ihren Sonnenschein auch über Gräber und Trümmerfelder aus.

Johannes Müller

Lasset heut im edeln Kreis
Meine Warnung gelten!
Nehmt die ernste Stimmung wahr,
Denn sie kommt so selten.
Manches habt ihr vorgenommen,
Manches ist euch schlecht bekommen,
Und ich muß euch schelten.

Reue soll man doch einmal
In der Welt empfinden!
So bekennt, vertraut und fromm,
Eure größten Sünden!
Aus des Irrtums falschen Weiten
Sammelt euch und sucht beizeiten
Euch zurecht zu finden.

Ja, wir haben, sei's bekannt,
Wachend oft geträumet,
Nicht geleert das frische Glas,
Wenn der Wein geschäumet;
Manche rasche Schäferstunde,
Flücht'gen Kuß vom lieben Munde
Haben wir versäumet.

Still und maulfaul saßen wir,
Wenn Philister schwätzten,
Über göttlichen Gesang
Ihr Geklatsche schätzten,
Wegen glücklicher Momente,
Deren man sich rühmen könnte,
Uns zur Rede setzten.

Willst du Absolution
Deinen Treuen geben,
Wollen wir nach deinem Wink
Unabläßlich streben,
Uns vom Halben zu entwöhnen
Und im Ganzen, Guten, Schönen
Resolut zu leben.

Den Philistern allzumal
Wohlgemut zu schnippen,
Jenen Perlenschaum des Weins
Nicht nur flach zu nippen,
Nicht zu liebeln leis mit Augen,
Sondern fest uns anzusaugen
An geliebte Lippen. *Goethe*

Ist auch das Dasein voller harter Schmerzen,
Spielt ewig die Tragödie auch hinein,
Mein Gott, wir haben Sonnenschein im Herzen,
Laßt nur die Freude sommerfroh gedeihn,
Denn so viel Lust, sie ist nicht auszumerzen,
Sie soll, sie muß der Plagen uns befrein.
Hinauf, hinab, wie tolle Kinder spielen,
Wer sich das wahrt, der kommt zu hohen Zielen.

Singt durch den Wald! Seid Füllen auf der Wiese!
Geht mit dem Handwerksburschen, mit dem Jäger,
Besteigt den Hengst, tanzt mit der braunen Lise,
Seid meinethalb bei Bacchus Beckenschläger.
Reist durch die Welt, sie wird zum Paradiese,
Beelzebub dient euch als Kofferträger.

Habt ihr im Portemonnaie gar drei Mark achtzig,
Da gilt der alte Reim: Die Sache macht sich.

Hoch! Sursum corda! Hurra, schwenkt die Mützen!
Schmeißt alle Sorgen in den Tartarus!
Dann wird der Frohsinn euer Zelt beschützen,
Im Sturm verfliegen Ärger und Verdruß.
Zum Schluß mag „folgende Moral" auch nützen,
Des Siebes letzter Tropfen nach dem Guß:
Des Lebens Blume heißt die Gegenwart,
Pflückst du sie nicht, hast du dich selbst genarrt!

Liliencron

Haß als Minus und vergebens
Wird vom Leben abgeschrieben.
Positiv ins Buch des Lebens
Steht verzeichnet nur das Lieben.
Ob ein Minus oder Plus
Uns verblieben, zeigt der Schluß.

Wilhelm Busch

Es sitzt ein Vogel auf dem Leim,
Er flattert sehr und kann nicht heim.
Ein schwarzer Kater schleicht herzu,
Die Krallen scharf, die Augen gluh.
Am Baum hinauf und immer höher
Kommt er dem armen Vogel näher.

Der Vogel denkt: Weil das so ist,
Und weil mich doch der Kater frißt,
So will ich keine Zeit verlieren,
Will noch ein wenig quinquilieren
Und lustig pfeifen wie zuvor.
Der Vogel scheint mir, hat Humor.

Wilhelm Busch

FÜNFTES KAPITEL

DIE GROSSEN ZUFLUCHTSSTÄTTEN

Seelenleiden, in die wir durch Unglück oder eigene
Fehler geraten, sie zu heilen vermag der Verstand nichts,
die Vernunft wenig, die Zeit viel, entschlossene
Tätigkeit hingegen alles.

Goethe

I

BEISPIEL

Den lieb ich, der Unmögliches begehrt
Goethe

Im Jahre 1881 verlor das anderthalbjährige Töchterchen eines pensionierten amerikanischen Hauptmannes in Tuscumbia durch ein Gehirnleiden Gesicht, Gehör und Sprache. Plötzlich in einen finsteren Kerker ewigen Schweigens geworfen, verfiel das Kind in einen Zustand völliger geistiger Öde. Ihr Tatendrang tobte sich in sinnlosen Wutausbrüchen aus, sie schleuderte auf den Boden, was sie ergreifen konnte. Die mitleidigen Eltern vermochten ihrer nicht Herr zu werden, das Kind tyrannisierte das ganze Haus und versank allmählich in einen tierähnlichen Zustand.

*

Im Jahre 1947 beantragte eine Gruppe von Friedensfreunden, man möge einigen der hervorragendsten Persönlichkeiten der Menschheit den Titel „Weltbürger" verleihen; der Titel solle das Recht einschließen, in jedes Land der Erde zu reisen. Sie schlugen hierfür den Dichter Shaw, den Physiker Einstein, den Musiker Toscanini und die Schriftstellerin und Menschenfreundin Helen Keller vor. Helen Keller, deren Lebenswerk die Blindenhilfe ist, hatte damals gerade die Regierung der Vereinigten Staaten gebeten, ihr die Rückkehr nach

Japan zu gestatten, wo sie vor dem zweiten Weltkrieg die Blindenfürsorge organisiert hatte.

Diese Helen Keller, welche als erste Frau für den höchsten Titel der Menschheit vorgeschlagen wurde, war niemand anders als jenes blinde, stumme und taube, fast idiotische Hauptmannskind von Tuscumbia. Ihre Lebensgeschichte ist eine der großen Trostquellen der Menschheit.

Als Helen sieben Jahre alt war, kam als Lehrerin Miß Sullivan in das Haus; dies einundzwanzigjährige Mädchen, das selbst zwölf Jahre lang blind gewesen war, war ein Wunder an Energie, Geduld und Einfühlung. Zunächst schien ihre Aufgabe unlösbar. Helen widersetzte sich jedem Erziehungsversuch. Wenn man ihr verbot, mit den Fingern zu essen und in den Teller anderer Leute zu greifen, warf sie sich schreiend und mit den Füßen schlagend auf den Boden. Miß Sullivan brauchte eine Stunde, um sie zum Zusammenlegen der Serviette zu zwingen. Sie ins Bett zu bringen, kostete einen zweistündigen Ringkampf. Helen schloß ihre Lehrerin in ihrem Zimmer ein und versteckte den Schlüssel, so daß sie mit einer Leiter durchs Fenster herausgeholt werden mußte. Aber Miß Sullivan gab nicht nach. Sie war überzeugt, daß Helen nichts lernen könne, wenn sie nicht erst gelernt habe, zu gehorchen. Sie setzte durch, daß sie mit Helen allein in ein kleines Gartenhaus zog und in vierzehn Tagen verwandelte sie die blondlockige Furie in ein gehorsames Kind. Zugleich begann sie mit Helens Sprachbildung. Ihre Unterrichtsmethode war ausgezeichnet. Sie bestand darin, Helen überhaupt keinen Unterricht zu erteilen. Sie sagte sich, daß ein normales Kind ja auch keinen Sprachunterricht erhält, sondern die Worte sich allmählich selbst durch Nachahmung aneignet. Ähnlich verfuhr sie bei Helen. Freilich mußte sie ihr alles, was sie ihr sagen wollte, mit dem Finger-Abc der Taubstummen in die Handfläche buchstabieren. Sie gab ihr zunächst in die linke Hand eine Puppe und buchstabierte in die rechte Hand doll (Puppe). Helen mußte nunmehr das Wort ihrerseits Miß Sullivan in die Hand schreiben, und wenn sie es richtig machte, bekam sie ein Stück Kuchen. Sie tat es, ohne zunächst zu verstehen, was dies neue Spiel bedeute. So verfuhr Miß Sullivan mit allen Dingen, mit denen Helen in Berührung kam. Darüber hinaus buchstabierte sie ihr aber auch viele Sätze in die Hand, von denen Helen höchstens einige Worte wiedererkennen konnte. Nach vier Wochen hatte Helen plötzlich verstanden, daß jedes Ding einen Namen habe. „Es dürfte schwer gewesen sein", schreibt sie in ihren Lebenserinnerungen, „ein glücklicheres Kind als mich zu finden, als ich am Abend dieses ereignisreichen Tages in meinem Bettchen lag und der Freuden gedachte, die mir zuteil geworden waren, und zum erstenmal sehnte ich mich nach dem anbrechenden Morgen." Am nächsten Tag „flog sie wie eine strahlende Fee" – schrieb Miß Sullivan einer Freundin – „von einem Gegenstand zum andern und fragte nach seiner Bezeichnung." Jetzt ging es schnell vorwärts. Helen lernte die Blindenschrift lesen und schreiben und las alles, wessen sie habhaft werden konnte. Freilich ergaben sich zunächst viele Schwierigkeiten aus der einseitigen Art, in der sie die Welt aufnahm. Als sie einmal hörte, daß ihr Großvater tot sei, fragte sie: „Hat Papa ihn erschossen? Können wir ihn morgen zum Souper essen?" Der Begriff „tot" war ihr nämlich bisher nur im Zusammenhang mit dem von ihrem Vater erlegten Wild begegnet. Als sie das erstemal im Meer badete, fragte sie empört: „Wer hat denn das viele Salz in das Wasser geschüttet?" Als sie auf einem Spaziergang an einen von Hügeln umlagerten See kamen und man ihr die Landschaft beschrieb, meinte die kleine Blinde: „Sicher sind die Hügel so nahe an den See gerückt, damit sie ihr Spiegelbild sehen können."

Nach zwei Jahren – also mit neun – schrieb sie völlig fehlerfrei und lernte jetzt auch die gewöhnliche Schrift. Miß Sullivan beschränkte sich natürlich nicht auf die geistige Ausbildung, sie lehrte Helen auch wandern, rudern, segeln, schwimmen, stricken und häkeln. Aber Helens Hauptinteresse galt den geistigen Dingen. Ihr Charakter änderte sich völlig. Sie war kein ruheloses, reizbares Geschöpf mehr, sondern liebenswürdig und ausgeglichen. Mit neun Jahren schreibt sie in einem Briefe: „Ich kann die lieblichen Dinge nicht mit meinen Augen sehen, aber mein Geist kann sie alle sehen, und so bin ich den ganzen Tag fröhlich." Als ihr Hund starb, veranstaltete man in Amerika eine Sammlung für den Ankauf eines neuen. Aber Helen bat, den Betrag – es kamen einige tausend Dollar zusammen – zur Ausbildung eines kleinen taubstumm-blinden Jungen, von dessen Existenz sie gehört hatte, zu verwenden.

Als sie zehn war, lernte sie sprechen. Sie legte die eine Hand auf die Lippen, die andere auf den Kehlkopf der Lehrerin und lernte so die Töne hervorbringen. „Oft täuschte sich mein Tastsinn. Ich war dann genötigt, die Wörter und Sätze stundenlang zu wiederholen, bis ich den entsprechenden Klang in meiner eigenen Stimme fühlte. Meine Arbeit bestand in Übung, Übung, Übung. Entmutigung und Ermüdung warfen mich oft nieder, aber im nächsten Augenblick spornte mich der Gedanke, daß ich bald zu Hause bei meinen Lieben sein werde, an und ich stellte mir stets ihre Freude bei dem Gelingen meiner Bemühungen vor Augen." Sie lernte auch, die Worte anderer durch Auflegen der Hand auf die Lippen des Sprechenden abzulesen. Ihr Gefühl ist außerordentlich scharf. Sie erkennt sofort die Stimmung eines Menschen, der mit ihr in einem Raum ist. Sie geht gern ins Theater, wo sie, mit ihrer Lehrerin Hand in Hand sitzend, das Auf und Ab der Stimmung deutlich spürt. Ja, sie glaubt sogar, daß sie die Schönheiten von Plastiken mit den Fingerspitzen gründlicher wahrnehmen könne als andre mit den Augen. Mit allen Mitteln versucht sie, in die ihr verschlossenen Welten einzudringen: sie legt die Hand auf das Klavier, wenn es gespielt wird, auf einen Löwen, wenn er brüllt, und sie liebt Ruderfahrten bei Mondenschein, weil sie den Glanz des Mondes auf dem Wasser zu spüren glaubt.

Mit sechzehn Jahren kam Helen auf ein Mädchengymnasium. Miß Sullivan buchstabierte ihr, neben ihr sitzend, die Ausführungen des Lehrers in die Hand. Sie lernte in wenigen Monaten Deutsch, anschließend Französisch, Lateinisch und Griechisch, ging mit zwanzig Jahren auf die Universität und machte mit vierundzwanzig Jahren den bachelor of arts, der etwa unserem philologischen Doktor entspricht. Gleichzeitig veröffentlichte sie ihre Lebenserinnerungen und begann, sich ihrer Lebensaufgabe zu widmen, der Blindenfürsorge.

Es war das große Glück Helen Kellers, daß sie von einer unbezähmbaren Sehnsucht nach geistigen Werten erfüllt war. „Die Literatur ist mein Reich. Hier bin ich von keinem Rechte ausgeschlossen. Die Bücher sind niemals müde oder schlechter Laune wie die Menschen. Sie erzählen mir alles und jedes, was ich zu wissen wünsche."

Aber wie hart war der Weg in ihr Reich. Als Studentin schrieb sie einmal: „Es gibt Tage, an denen die gespannte Aufmerksamkeit, mit der ich die Einzelheiten verfolgen muß, mein Blut in Wallung bringt, und der Gedanke, daß ich stundenlang dasitzen muß, um ein paar Kapitel zu lesen, mich rasend macht, während andre Mädchen lachen, singen und tanzen. . . . Aber bald gewinne ich meinen Gleichmut wieder und lache mir die Unzufriedenheit vom Herzen herunter. Denn alles in allem muß jeder, der zur wahren Ewigkeit durchdringen will, den Berg Schwierigkeit allein erklimmen, und da für mich keine breite grade Straße auf den Gipfel führt, so muß ich ihn eben auf dem für mich bestimmten Pfade im Zickzack zu erreichen suchen. Ich gleite häufig zurück, ich falle, stehe still, ich stoße gegen die Ecken verborgener Hindernisse, ich verliere meine gute Laune, bekomme sie wieder und halte sie fester, ich schleppe mich weiter, komme eine kleine Strecke vorwärts, fühle neuen Mut, werde immer eifriger und klimme immer höher und höher, bis ich endlich den Horizont sich weiten sehe." Schon als Sechzehnjährige sagte sie in einer Ansprache zu jungen Taubstummen, die ihre Worte von den Lippen lasen: „Seid guten Muts! Denkt nicht an die Fehlschläge von heute, sondern an den Erfolg von morgen. Ihr habt Euch eine schwierige Aufgabe gestellt, aber Ihr werdet Euer Ziel erreichen, wenn Ihr Ausdauer besitzt, und Ihr werdet Freude am Überwinden von Schwierigkeiten, Genuß am Begehen rauher Pfade finden, eine Genugtuung, die Euch vielleicht nie zuteil würde, wenn die Straße stets eben und glatt wäre."

Nie ist Verbitterung in ihr aufgekommen. Als sie einmal „Liebe" definieren soll, sagt sie: „Mein Gott, das ist doch leicht; es ist das, was jeder gegen jeden andern empfindet." Alle ihre Bekannten rühmen ihre Fröhlichkeit, sie habe - wie einer ihrer Lehrer sagt - „Humor jener tieferen Art, der gleichbedeutend mit Mut ist". Ihre Weltanschauung hat sie in einem Buche „Optimismus" dargelegt: „Die meisten Menschen bemessen ihr Glück nach physischem Wohlbehagen und materiellen Besitz. Wäre das Glück so zu bemessen, dann hätte ich, die ich weder sehen noch hören kann, allen Grund, händeringend abseits zu sitzen und zu weinen. Wenn ich nun trotz meiner Gebrechen glücklich bin, wenn trotzdem mein Glücksgefühl so tief verwurzelt ist, kurz, wenn ich eine Optimistin bin, so ist mein Zeugnis für den Optimismus wohl wert, gehört zu werden."

II

BETRACHTUNG

Man darf sich nur vom Stuhle erheben oder zur Haustür hinausgehen, irgend etwas unternehmen, so sieht man, daß ein gutes Schicksal ist, das sich des Menschen annimmt. Wenn man sich nur bewegt, andere in Bewegung bringt, so fügt sich gar manches schön und gut. Goethe

1

Eine der Grundlehren der spätantiken Philosophie war: der Todfeind echten Glückes ist ein leidendes Verhalten zu den Dingen. Es bedürfe unermüdlicher Tapferkeit und Wachsamkeit, um sich immer handelnd zur Welt einzustellen.

Diese Lehre kann man jeden Tag erproben. Wer sich ärgert, fange sogleich an, etwas zu tun. Besonders heilsam sind Tätigkeiten, deren Ergebnis wir mit Händen greifen können. Man ordne eine Schublade, einen Schrank, ein verworrenes Aktenstück, ein Zimmer, und sogleich wird man sich wohler fühlen. Lust strömt dem Menschen vor allem aus der Betätigung seiner Kräfte zu, daher er auch seine höchste Lust bei der Betätigung seiner höchsten Kraft, der Zeugungskraft, empfindet.

Auch dem Kummer können wir nur entrinnen, wenn wir unsere Kräfte betätigen. An Gelegenheit dazu fehlt es nie: „Durch Betrachten können wir uns nie kennenlernen, wohl aber durch Handeln. Versuche Deine Pflicht zu tun und Du weißt gleich, was

an Dir ist. Was aber ist Deine Pflicht? Die Forderung des Tages" (Goethe).

Alles rein Negative wirkt vergiftend. Wer seinen Kummer abwerfen will, muß etwas andres ergreifen. Wer seinem Leiden entkommen will, muß eine Zufluchtsstätte finden. Nicht Zerstreuung hilft gegen Sorgen, sondern Sammlung, das heißt der auf eigene Tätigkeit gerichtete Wille.

2

Gegenüber großen Schicksalsschlägen genügt die Flucht in die Alltagsarbeit nicht. Hier helfen die großen Zufluchtsstätten der Menschheit: Natur, Kunst und Wissenschaft.

Über die Heilkraft der Natur hat Feuchtersleben in der Diätetik der Seele sehr schön gehandelt: „Der Umgang mit der Natur leistet alles, was wir von der Kraft des Menschen gefordert haben. Die Natur wirkt auf den gesamten Menschen. . . . sie füllt seine Einbildungskraft mit bedeutenden großen erfrischenden Gebilden aus, ihr inhaltsvolles Schweigen bildet, ... der stete Kreislauf ihrer unabänderlichen Ereignisse erhält uns in einem gedeihlichen Gleichgewicht, ihre Schönheit scheucht die Falten der kleinlichen Sorge, der engherzigen Hypochondrie aus unserm Antlitz, ihre Größe führt uns über uns selbst hinaus und all unser Fühlen, Denken und Begehren verliert sich zuletzt in eine allgemeine Anschauung, die uns der Ergebung in das Höchstwaltende, der Religion, in die Arme führt, welche tief verstanden und lebendig erfüllt, das Höchste, das Letzte ist, wozu der Mensch gelangen kann."

Indes sehr viele Menschen werden von der Natur zwar erquickt, aber nicht beruhigt. Das Rauschen des

Laubwaldes kann die Sorgen nicht übertönen; nur in dem ruhigen Wasser spiegeln sich die Gestirne. Menschen solcher Art finden ihre Zufluchtsstätte in der Welt des Geistes. Über die Bedeutung, welche dies Reich für den Haushalt menschlicher Zufriedenheit besitzt, hat Schopenhauer Unübertreffliches gesagt: „Wie das Land am glücklichsten ist, welches weniger oder keiner Einfuhr bedarf, so auch der Mensch, der an seinem innern Reichtum genug hat und zu seiner Unterhaltung wenig oder nichts von außen nötig hat, da dergleichen Zufuhr viel kostet, abhängig macht, Gefahr bringt, Verdruß verursacht und am Ende doch nur ein schlechter Ersatz für die Erzeugnisse des eigenen Bodens ist. Am Ende bleibt doch jeder allein, und da kommt es darauf an, wer jetzt allein sei ... Während das Leben der übrigen in Dumpfheit dahingeht, indem ihr Dichten und Trachten gänzlich auf die kleinlichen Interessen der persönlichen Wohlfahrt und dadurch auf Miseren aller Art gerichtet ist, weshalb unerträgliche Langweile sie befällt, sobald die Beschäftigung mit jenen Zwecken stockt und sie auf sich selbst zurückgewiesen werden, indem nur das wilde Feuer der Leidenschaft einige Bewegung in die stockende Masse zu bringen vermag; so hat dagegen der mit überwiegenden Geisteskräften ausgestattete Mensch ein gedankenreiches, durchweg belebtes und bedeutsames Dasein: würdige und interessante Gegenstände beschäftigen ihn, sobald er sich ihnen überlassen darf, und in sich selbst trägt er eine Quelle der edelsten Genüsse. Anregung von außen geben ihm die Werke der Natur und der Anblick des menschlichen Treibens, sodann die so verschiedenartigen Leistungen der Hochbegabten aller Zeiten und Länder, welche eigentlich nur ihm ganz genießbar, weil nur ihm ganz verständlich und fühlbar sind.

Für ihn demnach haben jene wirklich gelebt, an ihn haben sie sich eigentlich gewendet, während die übrigen nur als zufällige Zuhörer eines und das andere halb auffassen. . . Ein so bevorzugter Mensch führt infolge davon neben seinem persönlichen Leben noch ein zweites, nämlich ein intellektuelles, welches ihm allmählich zum eigentlichen Zweck wird: während den übrigen dieses schale, leere und betrübte Dasein selbst als Zweck gelten muß."

Aber welcher Weg führt zu dieser Zufluchtsstätte. Wem nicht Anlage oder Jugenderziehung das Bedürfnis nach geistigen Gütern mitgegeben haben, der findet den Pfad in dieses Land nur an der Hand eines Freundes. Bildung ist etwas ganz andres als bloßer Erwerb von Kenntnissen. Es ist sinnlos, einem Menschen Fragen zu beantworten, die er gar nicht gestellt hat. Wer einen Menschen wirklich weiterbilden will, der muß es erst dazu bringen, daß in seinem Innern ein unstillbarer Fragedrang entsteht. Diesen Drang schafft nur der persönliche Umgang mit Menschen, denen die Welt des Geistes eine natürliche Heimat ist. Der Helfer kann ein Gatte, Lehrer oder Freund sein: er muß erst Wünsche wecken, ehe er sie stillen kann.

3

Aber wer der Dichtkunst Stimme nicht vernimmt, wem die Natur stumm, die Wissenschaft verhaßt und das Reich des Geistes ein ewiges Ausland ist, wo findet er im Unglück seine Zufluchtsstätte? In den Beschäftigungen, die den Menschen aus der Regelmäßigkeit der zweckgebundenen Berufsarbeit herausheben, die dem Herzen entspringen: in unseren Liebhabereien. Menschen ohne Steckenpferde sind häufig Langweiler, wenigstens bei Männern; für Frauen, die nicht in einem verknöchernden Beruf stehen, liegt es etwas anders.

Es gibt tausend verschiedene Steckenpferde. Da sind zunächst die Sammler. Was kann man nicht alles sammeln! Pflanzen, Steine, Schmetterlinge, Käfer, ausgestopfte Vögel, Ölbilder, Stiche, Radierungen, Majoliken, Porzellane, Bildreproduktionen, Antiquitäten, Münzen, Briefmarken, Zeitungsanzeigen, Erstausgaben, Exlibris, Autogramme, Ansichtspostkarten, Reiseandenken, Reklameartikel, Spazierstöcke und so fort in endloser Reihe.

Andere tummeln ihr Steckenpferd am Rande des Reiches der Künste; sie beschäftigen sich in ihrer Mußezeit mit Malen, Bildhauern, Dichten, Musizieren, Schauspielern, Filmen oder Photographieren. Besonders glücklich sind meistens Tierzüchter und Gartenliebhaber, mögen sie nun tropische Fische oder Kaninchen, schwarze Rosen oder Kürbisse ziehen. Auch Wissenschaften kann man aus Liebhaberei betreiben. Ich kannte einen überbeschäftigten Anwalt, der in seinen kargen Mußezeiten Religionsphilosophie studierte, einen Bankdirektor, der den Aristophanes im Urtext las, und einen Gutsbesitzer, der sich schlechthin eine „Wissenskartei" angelegt hatte; hier vermerkte er aus Büchern und Zeitungen alles, was ihm besonders interessant vorkam, ordnete seine Notizen überaus kunstvoll und war über jeden neu aufgespießten Wissensschatz ebenso glücklich wie ein anderer über ein aufgespießtes Abendpfauenauge.

Auch ein Sport kann zum Steckenpferd werden, wenn er wirklich mit Leidenschaft und Gründlichkeit um seiner selbst willen betrieben wird.

Steckenpferde sind eine der reichsten Glücksquellen der Menschheit. Je mehr ein Steckenpferd eine um-

fassende Selbstbetätigung seines Reiters erfordert, desto glücklicher macht es ihn. Mit welcher Leidenschaft erwartet der Pflanzensammler den Spaziergang auf der Seißeralpe, deren berühmter Bestand an seltenen Blumen einige empfindliche Lücken seines Herbariums schließen soll! Mit welcher Befriedigung stellt so mancher in frühester Morgenstunde die Staffelei vor sich hin, wenn die Ferien ihm endlich Zeit für seine Lieblingsbeschäftigung lassen! Ja, gerade daß man die Zeit sich abstehlen muß, gerade das macht sie unserem Herzen so teuer.

Je härter ein Beruf, desto mehr bedarf man der Entspannung durch eine Liebhaberei. Wieviel Trost finden oft Ärzte in der Hausmusik! Wie glücklich ist mancher Kaufmann beim Kegeln, mancher Richter auf dem Anstand, mancher Pastor beim Schachspiel! Beladen mit Sorgen um Rohstoffbeschaffung und Arbeiterprobleme kehrt der Industrielle abends heim, zündet seine Schreibtischlampe an, holt die Münzensammlung hervor, und versunken sind alle Trübseligkeitsnebel.

Menschen ohne Steckenpferde sind arm. Aber man kann keinen Hund zum Jagen tragen und kann keinen Langweiler zu einem leidenschaftlichen Liebhaber abrichten. Indes, wer einmal in friedlicher Stunde all die Steckenpferde vor seinen Augen vorbeiziehen läßt, an denen andere sich freuen, der sollte eigentlich irgendeine Liebhaberei finden, zu der ihn sein Herz hintreibt.

Sammeln führt oft zum Reisen. Wer das Reisen wirklich gelernt hat – seine Kunst und seine Technik –, wird auch in ihm eine Zuflucht finden.

4

Das Spiel des Lebens sieht sich heiter an,
Wenn man den sichern Schatz im Herzen trägt.
Und froher kehr ich, wenn ich es gemustert,
Zu meinem schönern Heiligtum zurück.

Schiller

Es gibt eine noch schönere Zufluchtsstätte als Kunst, Natur, Wissenschaft und Steckenpferde, das sind unsere Mitmenschen. Freilich nicht die Mitmenschen in ihrer Gesamtheit. Das Wirken für die Allgemeinheit – den Berufsstand, die Gemeinde, den Staat – ist in der Regel mit so viel Widerständen durchsetzt und vergiftet, daß diese Beschäftigung mehr Trost benötigt als spendet. Nur der einzelne Mensch vermag uns Trost zu geben. Freundschaft und Liebe, Ehe und Elternschaft, das sind die sichersten Zufluchtsstätten, die stärksten Trostquellen der Menschheit. Sie sind es nicht durch die Gaben, die sie uns gewähren, sondern durch die, welche sie von uns benötigen. „Die Menschen, denen wir eine Stütze sind, die geben uns einen Halt", sagt die kluge Ebner-Eschenbach. Wer sein Leben nur nach den Grundsätzen einer privaten Kostenrechnung über Lust und Unlust führt, der wird Ehe und Elternschaft vielleicht auf die Passivseite setzen, aber er trennt sich damit von einem Fundament menschlicher Normalität. Das Gleichgewicht des Menschen ruht in Unwägbarkeiten.

5

Über den großen Zufluchtstätten wollen wir die einfachste nicht vergessen: den Schlaf. Freilich flieht er uns grade im Unglück, wenn wir ihn am sehnlichsten erwarten. Ihn durch die äußeren Mittel der Medi-

kamente herbeizurufen, ist – solange es in kleinen, nicht wachsenden Dosen geschieht – ungefährlicher, als die meisten glauben. Schlafmittel und der ähnlich wirkende mäßige Alkoholgenuß sind unschädlicher als stundenlanges Wachliegen.

Ergänzen kann sie ein einfacher Kunstgriff: meist werden wir im Verlauf des Abends müde und machen uns dann erst wieder munter durch das Ritual des Ausziehens, Waschens und Zähneputzens. Manche Lebenskünstler erledigen daher schon gleich nach dem Abendessen diese Zeremonien und verbringen den Abend im Schlafrock und Schlafanzug, so daß sie, wenn die Müdigkeit sie ergreift, nur noch ins Bett zu schlüpfen brauchen.

Aber die Medikamente müssen ergänzt und möglichst abgelöst werden durch geistige Mittel. Kant berichtet in seiner Altersschrift: „Da Schlaflosigkeit ein Fehler des schwächlichen Alters ist, so fühlte ich seit etwa einem Jahre diese krampfhaften Anwandlungen und sehr empfindliche Reize dieser Art, die ich nach der Beschreibung anderer für gichtische Zufälle halten und dafür einen Arzt suchen mußte. Nun aber, aus Ungeduld, am Schlafen mich gehindert zu fühlen, griff ich bald zu meinen stoischen Mitteln, meine Gedanken mit Anstrengung auf irgendein von mir gewähltes gleichgültiges Objekt, was es auch sei (z. B. auf den viel Nebenvorstellungen enthaltenden Namen Cicero) zu heften: mithin die Aufmerksamkeit von jener Empfindung abzulenken; wodurch diese dann, und zwar schleunig, stumpf wurden, und so die Schläfrigkeit sie überwog, und dieses kann ich jederzeit, bei wiederkommenden Anfällen dieser Art in den kleinen Unterbrechungen des Nachtschlafs, mit gleich gutem Erfolg wiederholen. Daß aber dieses nicht etwa bloß eingebildete

Schmerzen waren, davon konnte mich die des andern Morgens früh sich zeigende glühende Röte der Zehen des linken Fußes überzeugen. Ich bin gewiß, daß viele gichtische Zufälle, wenn nur die Diät des Genusses nicht gar zu sehr dawider ist, ja Krämpfe und selbst epileptische Zufälle (nur nicht bei Weibern und Kindern, die dergleichen Kraft des Vorsatzes nicht haben), auch wohl für das unheilbare verschriene Podagra, bei jeder neuen Anwandlung desselben durch diese Festigkeit des Vorsatzes (seine Aufmerksamkeit von einem solchen Leiden abzuwenden) abgehalten und nach und nach gar gehoben werden könnte.“

Was Kant durch bloßen Vorsatz erreichte, werden gewöhnliche Menschen nur durch Übung erreichen können, und sie werden hierfür noch stärkere Mittel benötigen. Wichtiger noch als das Weglenken von der Sorge ist das Hinlenken zu den Freuden. Zählen ist zwecklos, weil es den Geist nicht bindet. Erzählen ist die bessere Methode. Man erzähle in Gedanken einem andern seine Lebensgeschichte oder man gebe ihm einen Bericht seiner Berufsarbeit oder man schreibe im Kopfe eine Familienchronik. Immer wieder werden die Gedanken abgleiten in die drückenden Sorgennebel hinein, immer wieder werden wir sie zurückrufen müssen, und schließlich werden sie am fünfzigsten Abend bei ihrem schöneren Thema verharren, bis der Schlaf uns entführt.

III

EIDESHELFER

Die Jahre nahmen dir, du sagst, so vieles:
Die eigentliche Lust des Sinnespieles;
Erinnerung des allerliebsten Tandes
Von gestern, weit- und breiten Landes
Durchschweifen frommt nicht mehr; selbst nicht von oben
Der Ehren anerkannte Zier, das Loben,
Erfreulich sonst. Aus eignem Tun Behagen
Quillt nicht mehr auf, dir fehlt ein dreistes Wagen!
Nun wüßt' ich nicht, was dir Besondres bliebe?
Mir bleibt genug! Es bleibt Idee und Liebe! *Goethe*

Von all dem rauschenden Geleite,
Wer harrte liebend bei mir aus?
Wer steht mir tröstend noch zur Seite
Und folgt mir bis zum finstern Haus?
Du, die du alle Wunden heilest,
Der Freundschaft leise, zarte Hand,
Des Lebens Bürden liebend teilest,
Du, die ich frühe sucht' und fand.

Und du, die gern sich mit ihr gattet,
Wie sie der Seele Sturm beschwört,
Beschäftigung, die nie ermattet,
Die langsam schafft, doch nie zerstört,
Die zu dem Bau der Ewigkeiten
Zwar Sandkorn nur für Sandkorn reicht,
Doch von der großen Schuld der Zeiten
Minuten, Tage, Jahre streicht. *Schiller*

Der Mensch mache sich nur eine würdige Gewohnheit zu eigen, an der er sich die Lust in heitren Tagen erhöhen und in trüben aufrichten kann. Er gewöhne sich z. B., täglich in der Bibel oder im Homer zu lesen oder Medaillen oder schöne Bilder zu schauen oder gute Musik zu hören. Aber es muß etwas Treffliches, Würdiges sein, woran er sich gewöhnt, daß ihm stets und in jeder Lage der Respekt dafür bleibe. *Goethe*

Viel zu wenig werden einfache Fußreisen geschätzt. Es gibt nichts Erquickenderes als ein Wandern in reiner Gebirgsluft, weit über den Niederungen der Alltäglichkeit. Es ist nicht nur die Luft des Gebirges, sondern die beständige Ablenkung der Gedanken des Wanderers, die von Bedeutung ist. Man meide nur zu große und ungewohnte Anstrengungen. Körperliche, schwere Ermüdung ist auch eine Ärgerquelle und Belastung des Geistes. Wir sollen aber geistig entlastet werden. Es gibt zudem nichts, was so geeignet wäre, die Verdauung zu regeln, als eine nicht überanstrengte Fußwanderung. Eine gute Verdauung ist aber das beste Heilmittel gegen Verärgerung.

Man wird finden, daß oft nur wenige Reisetage genügen, um eine grundandere Stimmung, Arbeits- und Lebensfreudigkeit zu erzeugen. Vorher glaubte man, wenige Tage lohnten nicht und könnten nichts nützen. Wenn man sich schließlich doch losgerissen hat, fühlt man sich wie neugeboren. *Lhotzky*

Von Deinen Reiseschicksalen hören wir Intimeres, wenn wir wieder daheim sind, und alles, so nehme ich an, wird gut und freundlich lauten, wenn auch mit Einschränkung. Vier, fünf Wochen sind eine lange Zeit, und daß einem durch so viele Tage hin immer nur angenehme Menschen vorgesetzt werden sollten, ist, weil beinahe unnatürlich, kaum zu verlangen. Schweiz, Italien, Paris muß man gesehen haben, das ist man sich schuldig; aber das vergnügliche Reisen, von dem man menschlich was hat, liegt doch woanders. Stille Plätze, wenig Menschen, ein Buch, ein Abendspaziergang über die Wiese, mit anderen Worten: die kleine Lehrersommerfrische. *Fontane*

Wenn der Mensch sich selbst bleibt, bleibt ihm viel.

Goethe

In der Stille der Nacht, wo an sich Gespenster umzugehen scheinen und jeder Vorhang zum Ungetüm werden kann, nehmen auch geheime Ärgergedanken ungeheuerlich verzerrte Formen an und trampeln auf dem einsamen Denker herum, daß ihn zuweilen über die erschauten Möglichkeiten wahre Wut erfaßt. Von Schlaf ist natürlich keine Rede, das spürt der Gemarterte. Er weiß aber meistens nicht, daß die nächtliche Verdauung, die der ruhige Schlaf so köstlich fördert, ebenfalls gestört ist, weil die Galle von wüsten Ärgergedanken mißbraucht wird. Er weiß es nicht, aber er erfährt es am nächsten Morgen, wenn er nach bleiernem Schlaf mit dumpfem Kopf und geblähtem Leibe erwacht.

Solchen Gedanken braucht der Mensch nicht zum Raube zu fallen. Er kann sie wegwerfen. Sie kommen wieder, er wirft sie wieder weg. Ganz richtig wegwerfen können wir gewisse Gedanken und erlangen darin mit der Zeit solche Übung, daß wir schließlich zu dem sieghaften Bewußtsein kommen: Ich denke, nicht: es denkt in mir. Ich denke, was ich will, und nicht was ich muß, was irgendwelche Ärgergespenster mich zu denken zwingen wollen. *Lhotzky*

„Abends“, dachte er, „liege ich auf alle Fälle, sie mögen mich den ganzen Tag zwicken und hetzen wie sie wollen, unter meiner warmen Zudeck und drücke die Nase ruhig ans Kopfkissen, acht Stunden lang“. – Und kroch er endlich in der letzten Stunde eines solchen Leidentages unter sein Oberbett: so schüttelte er sich darin, krempte sich mit den Knien bis an den Nabel zusammen und sagte zu sich: „Siehst du, Wuz, es ist doch vorbei.“

Ein anderer Paragraph aus der Wuzischen Kunst, stets fröhlich zu sein, war sein zweiter Pfiff, stets fröhlich aufzuwachen – und um dies zu können, bedient’ er sich eines dritten und hob immer vom Tage vorher etwas Angenehmes für den Morgen auf, entweder gebackene Klöße oder ebensoviel äußerst gefährliche Blätter aus dem Robinson, der ihm lieber war als Homer – oder auch junge Vögel oder junge Pflanzen, an denen er am Morgen nachzusehen hatte, wie nachts Federn und Blätter gewachsen.

Jean Paul

Du fragst: ob mir in dieser Welt
Überhaupt noch etwas gefällt?
Du fragst es und lächelst spöttisch dabei.
Lieber Freund, mir gefällt noch allerlei:
Jedes Frühjahr das erste Tiergartengrün,
Oder wenn in Werder die Kirschen blühn,
Zu Pfingsten Kalmus und Birkenreiser,
Der alte Moltke, der alte Kaiser,
Kuckucksrufen, im Wald ein Reh,
Ein Spaziergang durch die Lästerallee,
Paraden, der Schapersche Goethekopf
Und ein Backfisch mit einem Mozartzopf.

Fontane

SECHSTES KAPITEL

GLAUBE

Unsere Trübsal, die zeitlich und leicht ist, schaffet eine ewige und über alle Maßen wichtige Herrlichkeit uns, die wir nicht sehen auf das Sichtbare, sondern auf das Unsichtbare.

Paulus

I

BEISPIEL

Wir rühmen uns auch der Trübsale, dieweil wir wissen, daß Trübsal Geduld bringt. Geduld aber bringt Erfahrung, Erfahrung bringt Hoffnung. Hoffnung aber läßt nicht zu schanden werden. *Paulus*

Einige Jahre nach der Geburt Christi wird in Tarsus in Kleinasien, an der Grenzscheide hellenischer und orientalischer Kultur, einem wohlhabenden jüdischen Zeltweber ein Sohn geboren, der den Namen Saul erhält. Er lernt das Weberhandwerk und studiert in Jerusalem Theologie. Es sind die ersten Jahre nach dem Tode Christi. Alle Straßen der Stadt hallen wider von religiösem Streit. Die Anhänger Jesu predigen Buße – noch betrachten sie sich nur als eine jüdische Sekte, die den Glauben der Väter reformieren wird nach den Verheißungen der Schrift. Der leidenschaftliche Jüngling aus Tarsus, aufgewachsen in einem gesetzestreuen Hause, verachtet die Bettlerschar der Christen; daß ein Verbrecher, der den schimpflichen Tod am Kreuze gestorben ist, der Messias der Juden sein solle, scheint ihm dreiste Gotteslästerung. Er wird der Großinquisitor der Verfolgung. Er läßt die Ketzer überfallen, erpressen, geißeln und foltern, die Gefängnisse füllen sich mit Christen. Als der erste Blutzeuge des neuen Glaubens, Stephanus, gesteinigt wird, überwacht Saul das blutige Werk; ihn trifft der Ausruf des Sterbenden: „Herr, rechne es ihnen nicht zur Sünde!“ Die Christen fliehen aus Jerusalem, und Saul verfolgt sie über die Grenzen des Landes.

Aber als er eines Tages mit einer Schar seiner Häscher nach Damaskus reitet, wohin sich Hunderte von Christen geflüchtet haben, hat er eine Vision Jesu, er hört die Worte: „Saul, warum verfolgst Du mich?“ und vernimmt den Auftrag, als Verkünder des Herrn zu allen Völkern zu gehen.

Am nächsten Sonntag legt er in der Synagoge von Damaskus Zeugnis seiner Bekehrung ab. Aber man mißtraut dieser plötzlichen Wandlung. Heimlich muß er die Stadt verlassen. Es ist die erste Flucht seines Lebens; hunderte werden folgen.

Er geht nicht nach Jerusalem; soll er sich unter Menschen setzen, die noch die frischen Wundmale seiner Folterungen tragen? Er sucht Klarheit in der Einsamkeit der arabischen Wüste und sinnt über sein Geschick: Zu allen Völkern hat ihn der Herr gesandt? Aber war Jesus nicht der Messias der Juden? Waren denn nicht die Juden das auserwählte Volk Gottes? Konnte denn ein Mensch Jesus nachfolgen, ohne das Gesetz des Moses zu halten? Mußte ein Heide nicht Jude werden, ehe er Christ werden konnte? Oder war die Lehre des Herrn wirklich für alle Völker bestimmt? Sollte er den Kampf für die neue Lehre aufnehmen gegen die Juden auf der einen, gegen die Heiden auf der andern Seite – ausziehen gegen die ganze Welt, den sicheren Märtyrertod vor Augen?

Nach drei Jahren taucht Saulus – oder, wie er sich jetzt nennt, Paulus – wieder in Damaskus auf: er predigt in der Synagoge die Lehre Jesu; nur mit Mühe kann er sein Leben retten. In der Nacht wird er in einem Korb aus einem Hause an der Stadtmauer heruntergelassen. Jedoch der Fehlschlag schreckt ihn nicht: jetzt geht er nach Jerusalem, um die Ur-Apostel zu sprechen.

Aber der gelehrte großstädtische Akademiker, von hellenischer Freiheitsluft umwittert, findet wenig Verständnis bei den schlichten Fischern aus Galiläa. In seiner zupackenden Art greift der Feuerkopf grade jene Frage auf, die man bisher sorglich vermieden hat: muß ein Heide Jude werden, ehe er Christ werden kann? Von dieser Frage will man in Jerusalem nichts hören; man möchte weder Ja noch Nein dazu sagen.

Wieder muß Paulus nach kurzer Zeit fliehen, wieder verbringt er lange Jahre in stiller Zurückgezogenheit, diesmal in seiner Heimatstadt Tarsus. Von seinem Vater verstoßen, lebt er vom Weberhandwerk. Der Tatenfreudige reibt sich auf in seiner Gedankenmühle. Er steht an der Schwelle des fünften Jahrzehnts, als sein Studienfreund Barnabas ihn auffordert, mit ihm nach der syrischen Stadt Antiochia zu kommen, um die Lehre Jesu zu predigen. Damit beginnt eine Reisetätigkeit, die rastlose fünfundzwanzig Jahre währen wird, ein umgekehrter Alexanderzug, vom Osten bis zu den Säulen des Herkules, ein Werk, das erst mit seinem Tod ein Ende findet.

Die erste Missionsreise führt nach Zypern. Wird ihn nicht der römische Statthalter – die Verbreitung neuer Religionen ist verboten – ergreifen und hinrichten lassen? Nichts von alledem: der Statthalter selbst wird Christ. Von Zypern geht er nach Galatien, dem südlichen Teil Kleinasiens. In jeder Stadt geht er erst ins Judenviertel, sucht sich einen Arbeitsplatz als Weber und spricht am Sabbat in der Synagoge. Aber als er in der ersten Stadt verkündet, er wolle das Evangelium auch den Heiden predigen, wird er niedergeschrien und den römischen Behörden als Verbreiter einer unerlaubten Religion denunziert. Er wird gegeißelt und muß die Stadt verlassen. In Ikonium wird er von neuem ausgepeitscht, in Lystra mit den Füßen getreten und mit Steinen überschüttet. Aber predigend zieht er weiter von Ort zu Ort. Nach einem Jahr kehrt er nach Antiochia zurück.

Aber hier findet er schwere Zerwürfnisse vor. Die Apostel in Jerusalem lassen die Heidenchristen nicht gelten. Man müsse Jude werden, sich beschneiden lassen und das mosaische Gesetz halten, sonst könne man kein Christ sein. Sogleich eilt Paulus nach Jerusalem. Es ist einer der Augenblicke, in denen gleichsam um das Schicksal der Menschheit gewürfelt worden ist: Der unscheinbare kleine Webersohn aus Tarsus hat eine Welt tausendjähriger Tradition gegen sich: wenn ein Heide Christ werden kann, so sind die Juden nicht das auserwählte Volk Gottes. Aber er reißt Petrus und Jakobus mit: sie erkennen die Heidenchristen an. Das Christentum hört auf, eine jüdische Sekte zu sein, es betritt den Weg zur Weltreligion.

Nun geht Paulus auf seine zweite Missionsreise. Quer durch Kleinasien führt ihn der Weg nach Europa, in Philippi in Mazedonien wird er ausgepeitscht und ins Gefängnis geworfen; in Thessalonich wird der Pöbel gegen ihn aufgehetzt, und er ist gezwungen, sich zu verstecken; in Athen spricht er auf dem Areopag über den „unbekannten Gott", aber als er von der Auferstehung reden will, zwingt ihn das Gelächter aufzuhören; in Korinth wird er in der Synagoge niedergeschrien und gründet die erste rein heidenchristliche Kirche; er scheut sich nicht, vor der Hefe der sittenlosen Hafenstadt zu predigen. Auch hier schleppen die Juden ihn vor den Richterstuhl der Römer, aber der Statthalter lehnt es ab, sich in das Religionsgezänk zu mischen. Paulus kehrt nach Antiochia zurück.

Aber schon im nächsten Frühjahr bricht er zum dritten Male auf. Diesmal wandert er tausend Kilometer, bis nach Ephesus, der heiligen Stadt der Diana. Wieder wird er ins Gefängnis geworfen und muß mit wilden Tieren kämpfen; an seine Freunde in Korinth schreibt er: „Ich halte aber, Gott habe uns Apostel für die Allergeringsten dargestellt, als dem Tode übergeben. Denn wir sind ein Schauspiel worden der Welt, den Engeln und den Menschen. Wir sind Narren um Christi willen, ihr aber seid klug in Christo; wir schwach, ihr aber stark; ihr herrlich, wir aber verachtet. Bis auf diese Stunde leiden wir Hunger und Durst und sind nacket und werden geschlagen und haben keine gewisse Stätte." Mitten in dieser Leidenszeit kommt die Nachricht, daß die Männer von Jerusalem sein Werk in Galatien aufzulösen versuchen. Er sei kein richtiger Apostel, er habe Jesus nie gesehen, er trage nur ein verstümmeltes Evangelium vor, er verschweige den Heidendaß sie sich beschneiden lassen müßten, er schmeichle bald den Griechen, bald den Juden, um einen möglichst großen Haufen zusammenzubringen. Paulus antwortet mit den großartigen Feuerworten des Galaterbriefes: „Ihr aber, lieben Brüder, seid zur Freiheit berufen."

Aus Ephesus muß er fliehen und geht nach Troas. Hier hört er, daß Aufwiegler der Gemeinde in Korinth sein Leiden und Darben als Beweis dafür anführen, daß er kein wahrer Apostel sein könne. In einem leidenschaftlichen Briefe an die Korinther macht Paulus grade aus seinen Verfolgungen eine Verherrlichung seines apostolischen Werkes: „Ich habe mehr gearbeitet, ich habe mehr Schläge erlitten, ich bin öfter gefangen, oft in Todesnöten gewesen; von den Juden habe ich fünfmal empfangen vierzig Streiche weniger eins. Ich bin dreimal gestäupet, einmal gesteinigt, dreimal habe ich Schiffbruch erlitten, Tag und Nacht habe ich zugebracht in der Tiefe des Meeres. Ich bin oft gereist, ich bin in Fährlichkeit gewesen durch die Flüsse, in Fährlichkeit durch die Mörder, in Fährlichkeit unter den Juden, in Fährlichkeit unter den Heiden, in Fährlichkeit in den Städten, in Fährlichkeit in der Wüste, in Fährlichkeit auf dem Meer, in Fährlichkeit unter den falschen Brüdern, in Mühe, in Arbeit, in viel Wachen, in Hunger und Durst, in viel Fasten, in Frost und Blöße. Wo ich mich rühmen soll, will ich mich meiner Schwachheit rühmen."

Nochmals geht er nach Korinth; nach fünfjähriger Abwesenheit kehrt er nach Jerusalem zurück.

Man hat Paulus gewarnt, sich in die Hauptstadt des Judentums zu wagen. Zuerst wird er friedlich aufgenommen, aber mitten im Tempel bricht plötzlich der Pöbel gegen ihn los. Jedoch ehe man ihn erschlagen kann, wird er von römischen Soldaten festgenommen; der Oberst befiehlt, den Gefangenen zu geißeln und zu foltern. Aber jetzt beruft sich Paulus zum ersten Male darauf, daß er römischer Bürger ist. Der Oberst muß auf die Folterung verzichten und sendet ihn zu dem römischen Statthalter in die Hafenstadt Cäsarea. Zwei Jahre bleibt Paulus hier im Gefängnis, dann wird er auf seinen Antrag nach Rom geschickt; jeder römische Bürger konnte an den Kaiser appellieren. Aber das Schiff strandet in einer Sturmnacht an der Küste Maltas; Paulus muß ans Land schwimmen. Nach kurzem Aufenthalt geht der Gefangenentransport weiter. In Rom angekommen, muß er wieder ein Jahr in Haft auf seinen Prozeß warten. Dann wird er plötzlich freigesprochen.

Noch einmal reist Paulus von Gemeinde zu Gemeinde. Er begründet die Kirche auf Kreta; er kommt wieder nach Ephesus und nach Mazedonien, vielleicht sogar auch nach Spanien, und er geht wieder nach Rom. Wieder wird er verhaftet und in einem kalten, feuchten unterirdischen Verlies gefangengehalten. Nach zwei Verhören wird er zum Tode verurteilt und vor der Stadt mit dem Schwert enthauptet.

II

EIDESHELFER

Denn meine Gedanken sind nicht eure Gedanken, und eure Wege sind nicht meine Wege, spricht der Herr.

Jesaja

Selig ist der Mann, der die Anfechtung erduldet; denn nachdem er bewähret ist, wird er die Krone des Lebens empfangen, welche Gott verheißen hat denen, die ihn lieb haben. *Jakobus*

Denen, die Gott lieben, müssen alle Dinge zum Besten dienen. *Paulus*

Befiehl du deine Wege und was dein Herze kränkt
Der allertreusten Pflege des, der den Himmel lenkt!
Der Wolken, Luft und Winden gibt Wege, Lauf und Bahn,
Der wird auch Wege finden, da dein Fuß gehen kann. . . .

Auf, auf, gib deinem Schmerze und Sorgen gute Nacht;
Laß fahren, was dein Herze betrübt und traurig macht;
Bist du doch nicht Regente, der alles führen soll:
Gott sitzt im Regimente und führet alles wohl.

Er wird zwar eine Weile mit seinem Trost verziehn
Und tun an seinem Teile, als hätt' in seinem Sinn
Er deiner sich begeben und solltst du für und für
In Angst und Nöten schweben, als frag' er nichts nach dir.

Wird's aber sich befinden, daß du ihm treu verbleibst,
So wird er dich entbinden, da du's am mindsten gläubst;
Er wird dein Herze lösen von der so schweren Last,
Die du zu keinem Bösen bisher getragen hast.

Mach End, o Herr, mach Ende mit aller unsrer Not;
Stärk unsre Füß und Hände und laß bis in den Tod
Uns allzeit deiner Pflege und Treu empfohlen sein,
So gehen unsre Wege gewiß zum Himmel ein!

Paul Gerhardt

Wer nur den lieben Gott läßt walten
Und hoffet auf ihn alle Zeit,
Den wird er wunderlich erhalten
In allem Kreuz und Traurigkeit;
Wer Gott, dem Allerhöchsten, traut,
Der hat auf keinen Sand gebaut.

Was helfen uns die schweren Sorgen,
Was hilft uns unser Weh und Ach?
Was hilft es, daß wir alle Morgen
Beseufzen unser Ungemach?
Wir machen unser Kreuz und Leid
Nur größer durch die Traurigkeit.

Denk nicht in deiner Drangsalshitze,
Daß du von Gott verlassen sei'st
Und daß ihm der im Schoße sitze,
Der sich mit stetem Glücke speist;
Die Folgezeit verändert viel
Und setzet jeglichem sein Ziel.

Es sind ja Gott sehr leichte Sachen
Und ist dem Höchsten alles gleich:
Den Reichen klein und arm zu machen,
Den Armen aber groß und reich.
Gott ist der rechte Wundermann,
Der bald erhöhn, bald stürzen kann.

Sing, bet und geh auf Gottes Wegen,
Verricht das Deine nur getreu
Und trau des Himmels reichem Segen,
So wird er bei dir werden neu,
Denn welcher seine Zuversicht
Auf Gott setzt, den verläßt er nicht.

Georg Neumark

Unter Leiden prägt der Meister
In die Herzen, in die Geister
Sein allgeltend Bildnis ein;
Wie er dieses Leibes Töpfer,
Will er auch des künftgen Schöpfer
Auf dem Weg der Leiden sein.

Leiden sammelt unsre Sinne,
daß die Seele nicht zerrinne
In den Bildern dieser Welt,
Ist wie eine Engelwache,
die im innersten Gemache
Des Gemütes Ordnung hält.

Karl Friedrich Hartmann

Wollest meine Seele stillen,
König, der in Sonnen geht,
Wollest meine Sehnsucht füllen,
Die am Wege weinend steht.

Wollest all die irren, kranken
Wünsche von der Seele tun;
All die flehenden Gedanken
Laß wie müde Kindlein ruhn.

Wollest mir im Traume sagen,
Daß du der Gerechte bist,
Daß der Zweifel wühlend Fragen
Morgen Triumphieren ist.

Wollest löschen all mein Grämen,
Das mir tausend Netze spinnt,
Wollest wieder zu dir nehmen,
Vater, ein verlorenes Kind.

Gustav Schüler

Dieses Leben ist nicht Frömmigkeit, sondern ein Frommwerden, nicht eine Gesundheit, sondern ein Gesundwerden, nicht ein Wesen, sondern ein Werden, nicht Ruhe, sondern Übung. Wir sind's noch nicht, wir werden's aber, es ist noch nicht getan und geschehen; es ist aber im Gange und im Schwung. Es ist noch nicht zu Ende, es ist auf dem Wege; es glüht und glänzt noch nicht, es fügt sich aber alles. *Luther*

Das eigentliche, einzige und tiefste Thema der Welt und Menschengeschichte, dem alle übrigen untergeordnet sind, bleibt der Konflikt des Unglaubens und Glaubens. Alle Epochen, in welchen der Glaube herrscht, unter welcher Gestalt er auch wolle, sind glänzend, herzerhebend und fruchtbar für Mitwelt und Nachwelt. Alle Epochen dagegen, in welchen der Unglaube, in welcher Form es sei, einen kümmerlichen Sieg behauptet, und wenn sie auch einen Augenblick mit einem Scheinglanze prahlen sollten, verschwinden vor der Nachwelt, weil sich niemand gern mit Erkenntnis des Unfruchtbaren abquälen mag. *Goethe*

Mag die geistige Kultur nur immer fortschreiten, mögen die Naturwissenschaften in immer breiterer Ausdehnung und Tiefe wachsen und der menschliche Geist sich erweitern, wie er will – über die Hoheit und sittliche Kultur des Christentums, wie es in den Evangelien schimmert und leuchtet, wird er nicht herauskommen.
Goethe

Geliebte, willst du doppelt leben,
So sei des Todes gern gedenk
Und nimm, was dir die Götter geben,
Tagtäglich hin wie ein Geschenk.

Mach dich vertraut mit dem Gedanken,
Daß doch das Letzte kommen muß,
Und statt in Trübsinn hinzukranken,
Wird dir das Dasein zum Genuß.

Du magst nicht länger mehr vergeuden
Die Spanne Zeit in eitlem Haß,
Du freust dich reiner deiner Freuden
Und sorgst nicht mehr um dies und das.

Du setzest an die rechte Stelle
Das Hohe, Göttliche der Zeit,
Und jede Stunde wird die Quelle
Gesteigert neuer Dankbarkeit.

Fontane

Wenn alles eben käme,
Wie du gewollt es hast,
Und Gott dir gar nichts nähme
Und gäb' dir keine Last,
Wie wär's da um dein Sterben,
Du Menschenkind, bestellt?
Du müßtest fast verderben,
So lieb wär' dir die Welt.

Nun fällt – eins nach dem andern –
Manch süßes Band dir ab,
Und heiter kannst du wandern
Gen Himmel durch das Grab;
Dein Zagen ist gebrochen,
Und deine Seele hofft –
Dies ward schon oft gesprochen,
Doch spricht man's nie zu oft.

de la Motte-Fouqué

Den bängsten Traum begleitet
Ein heimliches Gefühl,
Daß alles nichts bedeutet,
Und wär' uns noch so schwül.
Da spielt in unser Weinen
Ein Lächeln hold hinein,
Ich aber möchte meinen,
So sollt' es immer sein! *Hebbe*

Kann auch ein Mensch des andern auf der Erde
Ganz, wie er möchte, sein?
– In langer Nacht bedacht' ich mir's und mußte sagen, nein

So kann ich niemands heißen auf der Erde,
Und niemand wäre mein?
– Aus Finsternissen hell in mir aufzückt ein Freudenschein:

Sollt' ich mit Gott nicht können sein,
So wie ich möchte, Mein und Dein?
Was hielte mich, daß ich's nicht heute werde?

Ein süßes Schrecken geht durch mein Gebein!
Mich wundert, daß es mir ein Wunder wollte sein,
Gott selbst zu eigen haben auf der Erde!

Mörike

Die Rechte streckt' ich schmerzlich oft
In Harmesnächten
Und fühlt' gedrückt sie unverhofft
Von einer Rechten –
Was Gott ist, wird in Ewigkeit
Kein Mensch ergründen,
Doch will er treu sich allezeit
Mit uns verbünden.

Conrad Ferdinand Meyer

Bücher von Ludwig Reiners im Verlag C. H. Beck

Der ewige Brunnen

Ein Hausbuch deutscher Dichtung
Gesammelt und herausgegeben von Ludwig Reiners
Reich geschmückt mit Holzstichen von Andreas Brylka
Illustrierte Sonderausgabe
463. Tausend. 1990. 1024 Seiten. Leinen

„Was Reiners zusammengetragen hat, umfaßt in der Tat mit erstaunlicher Vollständigkeit das Dichtungsgut, aus dem die poetische Materie unserer heutigen Existenz besteht, ohne daß wir es wissen." *Friedrich Sieburg*

Stilfibel

Der sichere Weg zum guten Deutsch
133. Tausend. 1990. XII, 239 Seiten. Leinen

„Besserer Stil, verbessertes Denken, mehr Freude am Lesen, das ist wahrlich ein Ziel, das die Durcharbeitung dieses Selbstunterrichtswerkes lohnt. Daß die Arbeit nicht langweilig wird, dafür sorgt Ludwig Reiners mit überlegenem Witz des Vortrages, der die Fülle des Wissens durchsichtig macht und bittere Arznei in Pralinen verpackt." *Blätter für Lehrerfortbildung*

Stilkunst

Ein Lehrbuch deutscher Prosa
2., überarbeitete Auflage 1991
140. Tausend der Gesamtauflage
Ca. 530 Seiten. Leinen

„Der Verfasser gibt jedem Leser das Seine: dem Anfänger eine erste staunende Ahnung, was Deutsch ist und sein kann, dem Fortgeschrittenen den sicheren, an Beispielen zu lebendigster Anschauung genährten Blick, dem Meisterschüler aber eine Fülle von Köstlichkeiten ... Das ist eine fröhliche Wissenschaft, ist ein ausgezeichnetes Buch!" *Eugen Roth*

Ratgeber bei C.H.Beck und Biederstein

John A. Schindler
Die Heilkraft des seelischen Gleichgewichts
Ein ärztlicher Ratgeber für Gesunde und Kranke
Aus dem Englischen von Martha Maria Gehrke
46. Tausend. 1986. 197 Seiten. Leinen. Biederstein

Jean Liedloff
Auf der Suche nach dem verlorenen Glück
Gegen die Zerstörung unserer Glücksfähigkeit in der frühen Kindheit
Aus dem Englischen übertragen von Eva Schlottmann und Rainer Taeni.
222. Tsd. Auflage. 1990. 220 Seiten. Paperback
Beck'sche Reihe Band 224

Susanne von Paczensky
Gemische Gefühle von Frauen die ungewollt schwanger sind
2., durchgesehene Auflage 1988
91 Seiten. Paperback. Beck'sche Reihe Band 343

Walter Toman
Familienkonstellationen
Ihr Einfluß auf den Menschen
5., neubearbeitete Auflage 1991
272 Seiten. Paperback. Beck'sche Reihe Band 112

Harald Bischoff und Diethelm Damm
Arbeitsplätze selber schaffen, finanzieren und behalten
1985. 239 Seiten mit 7 Graphiken.
Broschiert. Biederstein

Christoph Kraiker/Burkhard Peter (Hrsg.)
Psychotherapieführer
Wege zur seelischen Gesundheit
2., erweiterte und aktualisierte Auflage 1988
320 Seiten. Paperback. Beck'sche Reihe Band 338